Iniciação à sintaxe do português

LETRAS

coleção dirigida por
Marlene Castro Correia (UFRJ)

Volumes publicados:

Iniciação à Sintaxe do Português
José Carlos de Azeredo

Iniciação à Fonética e à Fonologia
Dinah Callou e Yonne Leite

José Carlos de Azeredo

Iniciação à sintaxe do português

11ª reimpressão

ZAHAR

Jorge Zahar Editor Ltda.
rua Marquês de S. Vicente 99 – 1º | 22451-041 Rio de Janeiro, RJ
tel (21) 2529-4750 | fax (21) 2529-4787
editora@zahar.com.br | www.zahar.com.br

Grafia atualizada respeitando o novo Acordo Ortográfico da Língua Portuguesa

Novo projeto gráfico: 2012
11ª reimpressão: 2016

CIP-Brasil. Catalogação na fonte
Sindicato Nacional dos Editores de Livros, RJ

Azeredo, José Carlos de
A985i Iniciação à sintaxe do português / José Carlos de Azeredo. – Rio de Janeiro: Zahar, 1990.
(Coleção Letras)

Apêndice
Inclui bibliografia e índice
ISBN 978-85-7110-084-8

1. Língua portuguesa – Sintaxe. I. Título. II. Série.

CDD: 469.5
10-2223 CDU: 811.134.3'367

Sumário

para Maria Auxiliadora, minha mulher,
e para meus filhos, Gisele, Flávia e Guilherme

à memória de Leonor, minha mãe,
de José, meu pai,
e de Lauro, meu tio

1. O OBJETO DA SINTAXE

As pessoas falam geralmente sua língua nativa, nas situações cotidianas, com a mesma naturalidade com que respiram, veem, andam; e assim como não estão interessadas em saber como seus corpos funcionam nessas tarefas, também não costumam se deter no exame dos movimentos que executam para produzir os sons das palavras, nem tampouco na observação do que acontece com as palavras quando elas se combinam nos enunciados. A linguagem, porém, é muito mais do que articular sons e combinar palavras; além de ter uma estrutura extraordinariamente complexa, que envolve sons, palavras e frases, seu uso nas múltiplas situações reflete condicionamentos psicológicos, sociais e culturais. Por outro lado, o ato de dizer/escrever se dá em um contexto que inclui ouvinte/leitor, assunto, tempo, espaço. Quem diz/escreve normalmente o faz buscando a comunicação e só excepcional ou maldosamente evitando-a. O ouvinte/leitor é, por conseguinte, tão decisivo para o caráter do discurso quanto quem o produz. Nem tudo o que o enunciado deixa ou faz entender se acha explícito nele; parte de seu sentido já está no conhecimento do interlocutor (informação implícita/implicada) ou constitui um dado prévio qualquer no conhecimento do locutor (informação pressuposta). Parafraseando (Reyes, 1984), pode-se dizer que o locutor não só 'diz', como 'cita', e ao fazê-lo, não só ressuscita outras experiências discursivas, como suscita sentidos.

Comparadas às formas de comunicação animal, por exemplo, as línguas se revelam extraordinariamente ricas em recursos. Seria possível enumerar as mensagens que um cão, um pássaro, uma abelha são capazes de emitir; mas é impossível fazer o mesmo com os recursos de expressão verbal do homem. A memória humana pode arquivar uma certa quantidade de frases diferentes, mesmo sem ter em vista semelhanças estruturais entre elas, assim como se decoram as letras das músicas. Mas as frases de uma língua, aquelas que uma pessoa está apta a produzir e entender em sua língua, não são catalogáveis, porque são infinitas tanto em número como, teoricamente, em extensão. As palavras, sim, podem ser listadas em dicionários e mesmo assim muitas se criam ou e modificam por aí, na fala espontânea, nos textos de toda espécie, sem que cheguem a figurar em registros lexicográficos.

A cada instante pode-se estar pronunciando uma frase nova. Afinal, ninguém pode garantir que a frase que inicia este parágrafo e a que estou escrevendo agora não são inéditas. Eu não as tinha memorizadas, muito menos o leitor, e, apesar disso, não houve qualquer dificuldade para produzi-las e entendê-las. Nós não apreendemos o significado de cada uma das frases possíveis como se nada tivessem em comum umas com as outras. Todas elas, aceitas como estruturas da língua pelos usuários, se criam graças a um sistema de unidades – sons, palavras, afixos, acentos – e regras que as combinam.

A sintaxe – numa definição provisória, visto que ambiciosa – é a parte desse sistema que permite criar e interpretar frases. A sintaxe do português, por exemplo, compreende as regras que tanto tornam possíveis enunciados banais como 'Hoje é domingo' ou 'Que dia é hoje', ou excêntricos, como 'Napoleão temia que as tartarugas desovassem no seu imponente chapéu', quanto impedem sequências como 'Que dia serem hoje?' ou 'Seu imponente temia as que chapéu desovassem Napoleão tartarugas no'.

1. A dupla articulação da linguagem

Quem pretendesse separar as unidades constitutivas de 'nós chegávamos tarde', na realidade oral da língua, leria várias escolhas: *palavras* (nós – chegávamos – tarde), *morfemas* (nós-cheg-a-va-mos-tarde), *sílabas* (/'nos-še-'ga-va-mus-'tar-di/), ou *fonemas* (/n/ɔ/s/š/e/g/a/v/a/m/u/s/t/a/r/d/i/). Dentre as unidades agora conhecidas – evidentemente sem maior rigor – as sílabas e os fonemas são vazios de significado, e as demais providas de significado.

Distinguir unidades significativas e unidades não significativas implica reconhecer dois planos de estruturação linguística, que coexistem naturalmente em todo enunciado. O linguista francês André Martinet chamou *dupla articulação* a esta propriedade da linguagem humana (Martinet, 1964). Esses dois planos, o do *conteúdo* e o da *expressão,* são solidários e interdependentes no que diz respeito à sua finalidade no discurso, embora cada qual tenha uma organização interna própria. Com efeito, a incompatibilidade em português entre um /š/ e um /r/, impedindo uma sequência /šr/, a exemplo de /tr/(cf. *trapo*), é um fato meramente fonológico, inexplicável em termos fisiológicos (em inglês existem *shrimp*, camarão, *shrine*, santuário) ou gramaticais. Por outro lado, a estranheza de 'os jogos são tardes' é devida à invariabilidade do advérbio ('tarde', e não '*tardes*') – fato gramatical – e não uma 'anormalidade' fonológica, uma vez que aquele mesmo segmento sonoro ocorre quando 'tarde' é substantivo (cf. as tardes de domingo).

Martinet chamou de *primeira articulação* ao plano do conteúdo (léxico-gramatical), que inclui proposições, palavras, raízes, afixos, e de *segunda articulação* ao plano da expressão, cujas unidades – acentos, sílabas, fonemas – são desprovidas de sentido.

2. As unidades do plano do conteúdo: gramática e léxico

A oposição tradicional entre gramática e léxico fundamenta-se na existência de duas espécies de unidades na primeira articulação – ou plano do conteúdo – que passamos a examinar.

A frase abaixo talvez cause estranheza a um usuário do português:

1. Encarceravam-se os prisioneiros em bolachas

A frase 2, no entanto, lhe parecerá normal:

2. Encarceravam-se os prisioneiros em cavernas

A sequência 3 abaixo, indiscutivelmente inaceitável, deve, porém, esta propriedade a fatores distintos dos que causam a estranheza de 1:

3. Os encarceravam prisioneiros se cavernas em

Parece, entretanto, não haver dúvida de que, tendo de decidir entre 1 e 3 qual das duas é mais aceitável, qualquer falante de português apontaria 1. Agora vejamos 4:

4. Englaufavam-se os vancioneiros em chilgartas

Esta frase é evidentemente esquisita, Mas será a razão de sua esquisitice a mesma de 1 ou de 3? Certamente que não. Em 1 o problema é a impropriedade 'lógica' de *bolachas;* em 3, é a ordem das unidades. Em 4, o que será? Seja qual for a razão, pode-se garantir que 4 tem algo que a identifica com 1 e 2, mas falta a 3. Se, considerando 3 e 4, tivéssemos que apontar a sequência dotada de um arranjo interno aceitável, não hesitaríamos em eleger 4.

Como em 2, podemos desmembrar 4 em sujeito (os vancioneiros), núcleo do predicado (englaufavam) e adjunto adverbial (em chilgartas). *Englaufavam* é seguramente um verbo (englaufar), possivelmente derivado de um nome (glaufo, glaufa ou glaufe) pelo processo da parassíntese. *Vancioneiros,* que se acha no plural, possivelmente deriva de um substantivo (vanção), cujo radical se modifica de um modo regular em português (cf. canção/cancioneiro, nação/nacional, exibição/exibicionista). Podemos, ainda, admitir uma variante, como em 5:

5. Os vancioneiros eram englaufados em chilgartas exatamente como em 6
6. Os prisioneiros eram encarcerados em cavernas

Se, de outro modo, as formas novas fossem as que 2 e 4 têm em comum (en-avam-se-os-eiros-em-s), vejamos qual poderia ser o resultado:

7. *Ascarceritar-ne chus* prision*aumel ra* caverna*f*

O resultado foi caótico. Não há um arranjo, uma estrutura reconhecível que permita relacionar os elementos da sequência entre si ou com outras unidades capazes de ocupar as mesmas posições.

Todos esses fatos mostram que uma língua como o português reúne duas espécies de unidades mínimas no plano do conteúdo: unidades renováveis, inventáveis a qualquer momento, cuja substituição não interfere no arranjo interno da frase; e unidades que garantem a existência daquele arranjo. As primeiras unidades, ditas *semantemas* ou *morfemas lexicais,* pertencem a um conjunto aberto (léxico) e constituem a base dos substantivos, verbos e adjetivos; as últimas, ditas *morfemas gramaticais,* pertencem a um sistema fechado (gramática) e exprimem certas relações entre as unidades lexicais no interior da frase (como o *em* em 6), acionam a criação de unidades lexicais a partir de outras (como o *-eiro* de *prisioneiro* em face de *prisão*), expressam distinções obrigatórias que caracterizam os membros de certas classes (como o *m* de *encarceravam,* opõe graficamente esta forma ao singular *encarcerava*) etc.

Os papéis desempenhados pelos morfemas gramaticais variam de língua para língua. A diferença entre eles e os lexicais não depende a rigor do conteúdo que exprimem, mas das condições estruturais em que se encontram. A noção 'humano', salvo em oposições pronominais do tipo que/quem, algo/alguém, faz parte do conteúdo lexical dos nomes em português, uma vez que em vocábulos como *homem, mulher, menino. príncipe, alfaiate* nenhum índice formal regular os enquadra na categoria 'humano', ao contrário da categoria 'singular', reconhecida pela ausência regular de *s*, indicador formal da noção 'plural' (homem/homens, menino/meninos, alfaiate/alfaiates).

3. Léxico e gramática: uma revisão

Esse modo de opor léxico e gramática tem, contudo, o inconveniente de não reconhecer o caráter lexical dos *artigos, preposições, pronomes, conjunções*, que, segundo a tradição, são desprovidos de morfema lexical. Essas unidades, porém, pertencem ao léxico tanto quanto os verbos, substantivos e adjetivos. Todas vêm listadas no dicionário, todas têm um significado que compete ao dicionário informar, cada uma precisa ser aprendida como uma unidade lexical independente. Não há regra para a aprendizagem do significado de *esse, assim, o, quando, desde, até*, como nao há regra para a aprendizagem do que significam *fosfeno, adrede, hialino, prelibar*. No entanto, sabido que 'desde' é uma preposição, pode-se prever sua posição na frase; sabido que 'o' é um artigo, pode-se prever sua variação para concordar em gênero e número com o substantivo; sabido que 'prelibar' é verbo, pode-se garantir que, dado o contexto apropriado, teremos *prelibamos, prelibem, prelibasse* etc.

Por outro lado, embora a mesma distinção gramatical oponha *chego* a *cheguei* e *vou* a *fui*, o conhecimento de *chego* conduz regularmente – na primeira e na segunda articulação – à forma *cheguei*, mas o conhecimento de *vou* não conduz regularmente ao de *fui*, motivo por que estas duas formas fonológicas têm de ser aprendidas independentemente uma da outra.

Temos neste último fato uma questão teórica delicada. *Chego* e *cheguei* são realizações concretas de uma diferença gramatical; lexicalmente, estamos diante de uma mesma unidade, o verbo /*chegar*/. No caso das formas *vou/fui* temos, por outro lado, uma profunda diferença fonológica que, à primeira vista, desautoriza associá-las a uma mesma unidade lexical; porém é evidente que os falantes do português estão aptos a elaborar a proporção segundo a qual *vou* está para *fui* assim como *chego* está para *cheguei*, isto é, valho-me de *fui* para atribuir a um sujeito *eu* o ato de *ir* situado no passado, exatamente como me valho de *cheguei* para atribuir a um sujeito *eu* o ato de *chegar* situado no passado. *Fui* e *vou* diferem, portanto, fonológica e gramaticalmente, mas não quanto ao léxico, onde representam o mesmo lexema [*ir*].

4. Sintaxe e pragmática

No item 1 definimos *sintaxe* como a parte do sistema da língua que permite criar e interpretar frases, mas chamamos de provisória esta definição. De fato, a sintaxe não explica tudo na criação e interpretação das frases. Afinal, que chances tem o enunciado excêntrico exemplificado em 1 (Napoleão temia que as tartarugas desovassem no seu imponente chapéu) de vir a ser produzido em outros contextos discursivos? Aqui ele está sendo citado e, não, empregado como unidade de comunicação. Seu lugar apropriado seria, talvez, uma biografia do famoso general, mas não há indicadores históricos de que isso possa ser verdade. Talvez só um texto cômico – em que o absurdo tem sempre lugar garantido – o acolhesse sem problemas. Por outro lado, certos enunciados significam muito mais o que implicam do que o que 'dizem' – pois justamente com essa intenção são produzidos – como quando alguém diz 'o fumo faz mal à saúde' para significar 'não fume'.

Podemos dizer, portanto, que, a despeito de sua perfeição sintática, o enunciado sobre Napoleão seria pragmaticamente anômalo nos contextos em que seu enunciador tivesse compromisso com a verdade histórica. Assim também, a adequada interpretação do enunciado 'o fumo faz mal à saúde' depende de ele estar sendo proferido no contexto de um artigo científico ou de uma conversa informal, diante do gesto de uma pessoa que puxa o cigarro da carteira. É neste segundo caso que, provavelmente, aquele enunciado significa, em primeiro lugar, 'não fume', sentido que ele adquire pragmaticamente, isto é, em função de sua contextualização e não de seus aspectos lexicais e sintáticos.

II. Dois dedos de história

A análise gramatical se desenvolveu no Ocidente, desde a antiguidade clássica grega até os fins do século passado, em função do conceito de vocábulo. As reflexões dos estudiosos gregos culminaram na obra dos gramáticos alexandrinos ao quais devemos, entre outras coisas, a distribuição dos vocábulos em nada menos que oito classes: nome, verbo, pronome, artigo, particípio, advérbio, preposição e conjunção.

Desenvolveu-se nesse período a *morfologia*, no sentido corrente de 'estudo da estrutura, formação e classificação das palavras'. O estudo das relações sintagmáticas entre as palavras – fundamento da *sintaxe* – embora não estivesse de todo ausente das preocupações dos gregos, só se destacaria, contudo, na Idade Média, com a gramática especulativa dos autores modistas.

Entendida, em sentido restrito, como o conjunto dos meios sistemáticos de estruturação das unidades significativas – a saber: morfemas, vocábulos, sintagmas, orações –, a gramática compreende tradicionalmente, portanto, duas partes, ou melhor, dois níveis estruturais: o da *morfologia*, cuja maior unidade é o vocábulo, e o da *sintaxe*, cujo limite máximo é a oração. Em qualquer desses níveis o vocábulo é o ponto de referência inevitável: nele acabam as relações morfológicas, nele começam as relações sintáticas.

O prestígio do vocábulo enquanto unidade fundamental da gramática ficou, porém, seriamente abalado com o advento da linguística estrutural. Com efeito, o vocábulo deve esse prestígio à sua nítida delimitação na fonte de toda a análise gramatical tradicional: a língua escrita. No século XX, o relevo dado à modalidade oral das línguas e o interesse pelo estudo das línguas ágrafas puseram em xeque o *status* do vocábulo como unidade fundamental da análise gramatical. Esse lugar caberia ao *morfema*.

1. A 'gramática tradicional'

a) As raízes filosóficas

A expressão *gramática tradicional* recobre um conjunto de esforços que, tendo início nas reflexões filosóficas dos gregos antigos, destinam-se a (a) explicar a natureza da linguagem, (b) descrever a estrutura e funcionamento das línguas, e (c) regulamentar seu uso consoante padrões quer lógicos quer literários de expressão. A interligação dessas propostas não impediu que, segundo os interesses da época, qualquer delas tivesse primazia sobre as outras duas.

A filosofia aristotélica ensinou a distinguir *conceitos* (como 'seres', 'ações', 'qualidades', 'quantidade'), *juízos* (associação predicativa de dois conceitos) e *raciocínio* (associação de juízos sob a forma de premissas e conclusão).

Tomemos para exemplo os conceitos 'pássaro' (ser), 'voar' (ação) e 'todo' (quantidade). Associando-os, formula-se um juízo (Todo pássaro voa). Assim formulado, esse juízo pode ser o ponto de partida de um raciocínio como

- Todo pássaro voa (premissa maior)
- o pardal é um pássaro (premissa menor)
- logo, o pardal voa. (conclusão)

Eis um exemplo do que se chama tradicionalmente *silogismo*, processo pelo qual o homem ocidental se habituou a relacionar dados já conhecidos e dessa relação extrair conclusões lógicas e coerentes.

A origem dos estudos gramaticais no Ocidente se confunde com essas reflexões. A teoria aristotélica dos conceitos – ou categorias – se tornaria o fundamento da distinção entre as classes de palavras (substância/substantivo, ação/verbo, relação/conjunção), e a estrutura do juízo como associação predicativa de dois conceitos (proposição) serviria de base à definição do objeto da sintaxe.

A associação de dois conceitos só constitui uma proposição, porém, quando entre eles se estabelece uma relação tal que um afirma ou nega algo a respeito do outro. Assim, os conceitos 'casa' e 'antigo' podem se associar de dois modos: 'casa antiga', ou 'a casa é antiga'. Só no segundo formam uma proposição; no primeiro, 'antiga' denota uma qualidade de 'casa' mas não afirma nem nega a sua existência.

Associados na proposição, o termo sobre o qual se declara algo é o seu *sujeito*, e a declaração mesma o *predicado*. Em lógica, as proposições são sempre enunciados declarativos; por isso, perguntas e ordens não são proposições. Derivada que foi, porém, da análise lógica, a análise gramatical passou a chamar *sujeito* e *predicado* às partes fundamentais de qualquer construção centrada no verbo, fosse ou não proposição, e a dar-lhes as mesmas definições que recebiam dos lógicos: *sujeito* – ser sobre o qual se faz uma declaração; *predicado* – tudo aquilo que se declara do sujeito.

b) A gramática como disciplina do entendimento e da expressão

Reunidos desde o século III a.C. em Alexandria, principal centro cultural de então, muitos intelectuais se devotaram ao trabalho de preservar e tornar conhecidos os monumentos literários da época helênica – especialmente os poemas homéricos. O empenho em descrever a língua desses textos para torná-los inteligíveis conduz pouco a pouco à elaboração da primeira gramática da língua grega: a *tekhné grammatiké,* de Dionísio Trácio. "Era para facilitar a leitura dos primeiros poetas gregos que os gramáticos publicavam comentários e tratados de gramática, que cumpriam duas tarefas: estabelecer e explicar a língua desses autores (pesquisa) e proteger da corrupção essa língua 'pura' e 'correta' (docência), já que a língua quotidianamente falada nos centros do helenismo era considerada corrompida. E, servindo à interpretação e à crítica, realiza-se o estudo metódico dos elementos da língua e compõe-se o que tradicionalmente seria qualificado propriamente como gramática." (Neves, 1987, p.104-5)

Alguns séculos antes, Platão dividira a unidade do discurso, que ele intuíra no esforço de apreender os mecanismos de expressão do pensamento, em dois componentes: *ónoma* (nome) e *rhéma* (verbo); Aristóteles lhes acrescentara os *syndesmoi* (unidades gramaticais) e os estoicos chegaram a separar aí as formas variáveis (pronomes e artigos) das invariáveis (conectivos e advérbios). Dionísio Trácio procedeu à síntese, estabelecendo as oito categorias que, em essência, constituem as classes de palavras das nossas gramáticas.

Nascida com dupla finalidade, filológica e pedagógica, a disciplina gramatical dos gregos manteria esse caráter entre os romanos, seus divulgadores, assim como na Idade Média. O latim, língua em que foram codificadas as grandes obras escritas da Europa medieval até o século XIII, era estudado nas gramáticas de Donato e de Prisciano. O amplo interesse por seu estudo – que incluía a *ars recte loquendi* (arte de falar corretamente) e a *enarratio poetarum* (explicação dos textos poéticos) – fez da gramática uma das três disciplinas do *trivium* das instituições acadêmicas medievais, ao lado da dialética e da retórica. Nas palavras de um abade da época, a gramática "prepara a mente para entender tudo que possa ser ensinado por meio das palavras".

Foi por volta do século XIII que os eruditos medievais, sob a influência dos trabalhos de Aristóteles e outros filósofos gregos novamente acessíveis, retomaram o debate sobre a relação entre a linguagem e a estrutura do pensamento, imprimindo à gramática um caráter novo: a gramática passa a ser 'especulativa', isto é, elaborada segundo a concepção da língua como 'espelho' (lat. *speculum*) da organização do raciocínio. Segundo esta visão, as diferenças entre as línguas são circunstanciais e acidentais; fundamentalmente, todas as línguas consistiriam num sistema fixo e comum de categorias linguísticas que seriam categorias do pensamento. Embora rejeitadas e até ridicularizadas no Renascimento, as ideias dos gramáticos modistas exerceram larga influência no pensamento gramatical do Ocidente, seja na teorização gramatical, ou no ensino da língua. As *gramáticas filosóficas* ou *racionais* dos séculos XVII e XVIII e a moderna *gramática gerativa* são desdobramentos da *gramática especulativa*.

c) O Renascimento: o desafio das línguas vernáculas

Dois fatos igualmente significativos ocupam o panorama dos estudos gramaticais no Renascimento: o surgimento das gramáticas das línguas vernáculas (isto é, 'vulgares') e a teorização gramatical de inspiração lógico-filosófica. A *Gramática de la lengua castellana*, de Antonio de Nebrija, data de 1492; a primeira 'anotação' sobre a língua portuguesa, a *Gramática da linguagem portuguesa*, de Fernão de Oliveira, publica-se em 1536, e a segunda gramática, de João de Barros, aparece em 1540. É o efeito do "movimento de imposição do uso do vernáculo, em concorrência com o latim, nos níveis literário, científico e administrativo" (Buescu, 1978, p.15). O latim continuava a ser amplamente ensinado e os textos da literatura clássica não só comentados, mas ainda traduzidos nas línguas vernáculas.

As descrições do latim continuavam a servir de modelo para a análise das línguas vernáculas, mas as diferenças estruturais entre aquele e estas impunham ao gramático a busca de soluções originais.

O espírito da época, se por um lado favorecia um fervoroso apreço pela cultura clássica e suas formas de expressão, por outro estimulava a ideologia da autoafirmação nacional, que, no trabalho dos gramáticos, se traduzia no empenho em valorizar as línguas vernáculas como estruturas tão capazes quanto o latim clássico de exprimir os conteúdos da consciência e da emoção. "É então ... que eclode a 'questão da língua', resultado de uma incerteza sobre a norma linguística e da carência de padrões literários que garantissem o seu prestígio." (Buescu, 1975, p.13)

Em Portugal, a obra gramatical do século XVI visava à uniformização do uso da língua para fins cultos e literários tanto nos padrões mórfico e sintático, como na representação gráfica dos vocábulos. "Ao pretender forjar, para as línguas vulgares, uma regularidade idêntica à das línguas antigas, os gramáticos do século XVI estão, pois, coerentes consigo mesmos, na medida em que o grande *leitmotiv* de toda a atividade mental renascentista se concentra na dignificação das nações modernas em pararelo com os povos da Antiguidade, sobretudo o povo latino. A 'consciência linguística' vai, pois, a par com a 'consciência nacional', até mesmo com a 'consciência imperial', e a língua aparece-nos pela primeira vez considerada como o 'espírito e a alma' de cada Nação". (Buescu, 1979, p.28)

d) O neorracionalismo

O Renascimento se caracterizou ao longo do século XVI, vale insistir, pela coexistência de duas correntes de pensamento gramatical em certa medida antagônicas: uma que procurava descrever as línguas vernáculas nos moldes da gramática latina, e outra que, rompendo com esta tradição, retoma, todavia, a concepção dos gramáticos modistas, apoiada em fundamentos filosóficos.

Um de seus expoentes, o gramático espanhol Francisco Sanchez de las Brozas, chamou seu livro, sintomaticamente, *Minerva*, tida como a deusa da inteligência e da clareza racional, título que Sanchez justificou no primeiro capítulo:

> Conta Homero, o príncipe dos poetas, que Minerva apareceu a Diomedes entre os grupos de combatentes e dissipou a névoa de seus olhos para que pudesse distinguir, na peleja, os deuses e os homens. Platão interpreta esta fábula no *Alcebíades Segundo* como a própria inteligência ... (Sanchez, 1976, p.43)

No segundo capítulo, explicando seu método de análise, informa:

> Como o assunto de que tratamos se há de justificar primeiro pela razão, depois pelos testemunhos e pelo uso, ninguém deve admirar-se que às vezes sigamos os grandes homens, pois por maior autoridade que para mim tenha um gramático, se ele não prova o que diz por meio da razão e oferecendo exemplos, não me inspirará confiança em nenhum assunto, especialmente em Gramática, pois como disse Sêneca, Ep. 15,95: *grammatici sermonis Latini custodes sunt, non auctores* 'os gramáticos são guardiães da língua, mas não seus autores'. (Ibidem, p.46)

Essa visão do fato linguístico implicava tomá-lo como tanto mais perfeito quanto mais retratasse uma presumida ordem e estrutura do raciocínio lógico. Por isso, as construções que infringiam esse padrão ideal eram consideradas 'anomalias' que, no livro quarto da Minerva, o mais extenso, se chamam 'figuras' e incluem a *elipse*, o *pleonasmo*, a *silepse* e o *hipérbato*.

O latim, embora resistindo, cedia cada vez mais terreno às línguas vernáculas, fato que, entretanto, teve seu preço: ficou no espírito de muitos escritores o sentimento de um corte das raízes. Os gramáticos não tinham um passado literário para apresentar como modelo de expressão, e a questão da língua se tornou uma obsessão.

A *Origem da língua portuguesa*, de Duarte Nunes de Leão, surgida em 1606, seria a expressão portuguesa dessa preocupação em identificar as raízes do novo tempo e de sua expressão linguística.

Como os alexandrinos, Duarte Nunes acreditava que o tempo desfigurava e corrompia as palavras. Exemplifiquemos com uma rápida passagem:

> E como na palavra alugar que vindo de loco locas, que quer dizer dar de aluguer, dizemos também alugar por tomar de aluguer, o que se hauia de dizer por outro verbo que respondesse ao verbo latino conduco, que he tomar de aluguer, porque o que daa a casa a outro por dinheiro chamasse locator, & o que a toma he condutor. (Leão, 1944, p.250)

Esse sentimento de certo modo impregnaria o espírito racionalista dos séculos XVII e XVIII. Tendo optado pela expressão nas línguas vernáculas, os filósofos e escritores precisavam se dar a certeza de que nada tinham perdido e que as línguas nacionais eram até melhores que o latim para a expressão das ideias e dos sentimentos. A obsessão da expressão clara conduz a eleger na língua os meios mais apropriados à expressão lógica do pensamento e a considerar abusos ou imperfeições tudo que contrariasse esse ideal.

Essa corrente racionalista atinge sua mais consumada expressão com a *Grammaire générale et raisonnée*, de Port-Royal, que constitui, na opinião de Noam Chomsky, "a primeira teoria geral da estrutura linguística realmente importante" (Chomsky, 1971, p.28). Esta gramática retoma a noção de frase como unidade gramatical. "A gramática anterior tinha sido em grande parte uma gramática de classes de palavras e de flexões" (Ibidem, p.30). O próprio Sánchez entendia que a frase não é unidade da gramática: "... a oração ou sintaxe é a finalidade da gramática, portanto não é parte dela." (Sanchez, 1976, p.48)

Devemos a Jeronymo Soares Barbosa uma *Gramática filosófica da língua portuguesa*, cujos fundamentos e finalidade seu autor assim resumiu:

> Toda a grammatica particular e rudimentaria, para ser verdadeira e exacta nas suas definições, simples nas suas regras, certa nas suas analogias, curta nas suas anomalias, e assim facil para ser entendida e comprehendida dos principiantes, deve ter por fundamento a grammatica geral e razoada ... . Por outra parte, sendo a grammatica de qualquer lingua a primeira theoria que principia a desenvolver o embrião das ideias confusas da edade pueril; e dependendo da exactidão de seus principios o bom progresso nos mais estudos, ella deve ser uma verdadeira logica, que ensinando a fallar, ensine ao mesmo tempo a discorrer." (Barbosa, 1875, p.XI)

A gramática racional dos séculos XVII e XVIII ainda produziu alguns frutos no século XIX, como a citada gramática filosófica de Soares Barbosa, mas a avalanche historicista de então lhe roubou os espaços, e a gramática geral, herdeira do racionalismo que o espírito romântico repudiou, só mereceu dos comparativistas do século XIX desprezo e irrisão.

Qualquer que seja, porém, o juízo de seus críticos, a verdade é que a gramática lógica (racional, geral ou filosófica) é não só o modelo da análise sintática que se praticou e até hoje se pratica nas escolas – a despeito da substituição do adjetivo 'lógica' por 'sintática' – como forneceu, graças aos desdobramentos que lhe deu a lógica de Stuart Mill (Mill, 1984), a terminologia gramatical que se consagrou: sujeito, predicado, objeto, adjunto etc.

e) A gramática histórico-comparativa

O interesse pela natureza e funcionamento da linguagem vem de longa data, mas só no curso do século XIX a linguística se impôs como ciência. A elaboração de dicionários e a descrição gramatical das línguas serviam especialmente a fins práticos – como a tradução, a leitura e comentário de textos e o ensino da maneira 'correta' de falar e escrever – e continuariam a servir a estes fins, pois, enquanto ciência, o estudo das línguas consistia, metodologicamente, em compará-las para deduzir princípios gerais de evolução histórica das suas unidades lexicais, gramaticais e sonoras.

Pela comparação das línguas vivas buscavam-se as regularidades de suas diferenças com o propósito de estabelecer, em passado remoto, um elemento comum – som, palavra, construção – às vezes, de fato, documentado em algum texto antigo. Eis no que consistia, em linhas gerais, o método histórico-comparativo.

Os textos, principais documentos dos estágios históricos da língua, tornaram-se preciosa fonte para o conhecimento de sua evolução. Todavia, nem sempre um texto merecia a confiança do estudioso: podia estar modificado ou mesmo ser uma falsificação. Tantas vezes alterados em suas cópias sucessivas, por desatenção, desinformação ou mesmo preconceitos vários de quem os copiava ou editava, eles quase sempre precisavam ser restabelecidos em sua forma primitiva e autêntica. Assim constituiu-se, em sua versão moderna, a crítica textual, atividade a que já os filósofos de Alexandria tinham se dedicado com o propósito de explicar e 'proteger da corrupção' os textos clássicos da literatura grega.

Paralelamente às investigações dos filólogos comparativistas desenrolava-se, especialmente na Europa, o debate suscitado pela 'questão da língua', principalmente em relação à norma gramatical e à ortografia. Escreviam-se e publicavam-se em grandes tiragens obras sobre assunto gramatical geralmente destinadas ao uso da escolas.

O estudo da língua assumia, assim, duas modalidade: uma, histórica e crítica, ostentando o prestígio de ciência; outra, descritiva e prática, assumindo a 'modéstia' de sua finalidade utilitária.

Foi com o movimento estruturalista, impulsionado quase simultaneamente na Europa e nos Estados Unidos, que a análise sincrônica dos sistemas gramatical e fonológico passou a ser encarada como atividade científica. A linguística estrutural retomou o descritivismo, mas não o fez com propósitos utilitários, e sim como meio de estabelecer a estrutura da linguagem enquanto capacidade simbólica do homem. Este objetivo também o tivera a gramática filosófica, mas com o estruturalismo estava abandonada a suposição de que houvesse uma ordem racional genérica da qual as línguas seriam expressões particulares e imperfeitas.

2. Da abordagem estrutural à sintaxe gerativa

A linguística estrutural – expressão que abrange teorias e análises inspiradas tanto nas ideias de Wilhelm von Humboldt, Georg von der Gabelentz e Ferdinand de Saussure, europeus, como de Franz Boas, Edward Sapir e Leonard Bloomfield, norte-americanos – representa de certo modo um rompimento com as concepções historicistas e logicistas da gramática tradicional. Diferenças à parte, linguistas europeus e americanos empunharam uma mesma bandeira: cada língua tem sua forma, sua estrutura, suas categorias, às quais não se pode chegar senão pelo estabelecimento das unidades no interior de cada sistema, e das relações opositivas entre essas unidades. A universalidade das categorias linguísticas – como o conjunto tradicional de classes de palavras – começou a ser posta em questão. As línguas existem primordialmente como expressão oral, cabendo à escrita representar, por meio de sinais gráficos, a fala. Não há línguas 'primitivas' ou 'civilizadas'. Os meios convencionais de expressão verbal, prestigiosos ou não, utilizados por comunidades amplas ou restritas, são internamente estruturados e dotados de 'gramática', no sentido de 'sistema de regras'. Por isso não se pode considerá-los, em termos linguísticos, corretos ou errados.

A contribuição do estruturalismo foi decisiva em dois aspectos do estudo da linguagem: o *epistemológico* e o *metodológico*. Em termos epistemológicos, deve-se ressaltar o conceito de estrutura como feixe de relações, o que obriga o investigador a procurar no objeto da análise sua ordem estrutural, suas unidades e a inter-relação delas, ou seja, sua 'gramática'. Com o estruturalismo, gramática e estrutura se tornaram sinônimos.

O estruturalismo não abandonou a hipótese de haver propriedades comuns a todas as línguas, mas rejeitou a tese de que a estrutura das línguas reúne afinidades como reflexo de uma capacidade humana inata para a linguagem. O estruturalismo insistiu no caráter 'arbitrário' da estrutura linguística, produto, segundo seus seguidores, de pura convenção. Esse ponto de vista parecia uma premissa necessária à análise de línguas sem tradição escrita, cuja estrutura não podia ser estabelecida com base nas categorias – classes de palavras, processos gramaticais – próprias das línguas indo-europeias.

Do ponto de vista metodológico, o estruturalismo desenvolveu procedimentos de análise, como o princípio da *comutação,* decisivo para isolar, na cadeia da fala, as unidades discretas em cada nível da análise. Cético em relação às definições baseadas em critério nacional – como a de *substantivo,* geralmente definido como 'palavra que nomeia os seres em geral' – o estruturalismo insistiu nos aspectos *distribucionais* – *posição* na estrutura – e *funcionais* – *comportamento* na estrutura – das unidades como meio de identificá-las. Por esse prisma, um substantivo em português define-se, distribucionalmente, como uma unidade que pode vir precedida de artigo, e, funcionalmente, como uma unidade que pode ser sujeito ou objeto. A evidente circularidade dessas definições se deve a que as unidades da língua não têm existência por si mesmas, mas em função de suas relações.

No estruturalismo norte-americano destacam-se a noção de constituinte imediato e a consequente formulação das regras de estrutura sintagmática. Esse conceito baseia-se na hipótese de que a estrutura dos enunciados pode ser analisada através de sua divisão em dois segmentos de primeira articulação (ver.I.1), cada um dos quais se deixa analisar, por sua vez, em dois constituintes menores. Essa operação estende-se até o limite em que já não seja possível nova divisão em unidades da primeira articulação.

Exemplificando, sem considerar as unidades menores do que a palavra:

8. AS OUTRAS AVES DE RAPINA PUDERAM SOBREVIVER EM CATIVEIRO

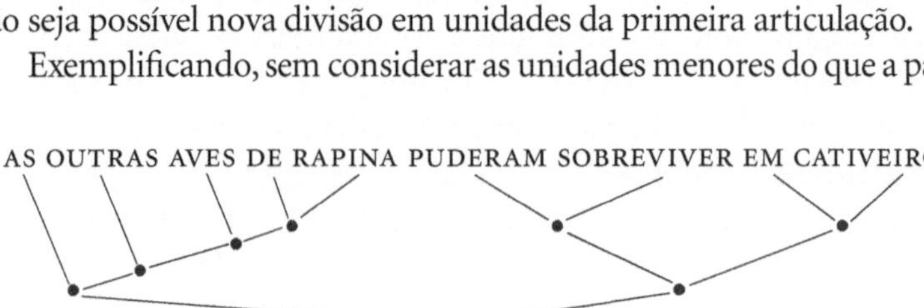

Por mais que essa divisão seja intuitivamente convincente, ela só tem valor descritivo se pudermos demonstrá-la. Essa demonstração se faz procurando-se identificar que pares de elementos podem dar lugar a um só elemento sem prejuízo da estrutura. Os elementos de cada par são seus constituintes imediatos. Vamos apurar isso.

O par 'em cativeiro' é substituível pela unidade elementar 'assim'; 'puderam sobreviver' pode dar lugar a 'sobreviveram'; 'de rapina' a 'selvagens'; 'aves selvagens' a 'aves'; 'outras aves' também pode ceder lugar a 'aves'; 'as aves' a 'elas'; e por fim, 'sobreviveram assim' pode dar lugar a 'sobreviveram'. Vamos visualizar esse desbastamento:

<table>
<tr><td>AS</td><td>OUTRAS</td><td>AVES</td><td>DE</td><td>RAPINA</td><td>PUDERAM</td><td>SOBREVIVER</td><td>EM</td><td>CATIVEIRO</td></tr>
<tr><td>AS</td><td>OUTRAS</td><td>AVES</td><td colspan="2">SELVAGENS</td><td colspan="2">SOBREVIVERAM</td><td colspan="2">ASSIM</td></tr>
<tr><td>AS</td><td>OUTRAS</td><td colspan="3">AVES</td><td colspan="4">SOBREVIVERAM</td></tr>
<tr><td>AS</td><td colspan="4">AVES</td><td colspan="4">SOBREVIVERAM</td></tr>
<tr><td colspan="5">ELAS</td><td colspan="4">SOBREVIVERAM</td></tr>
</table>

O conceito de constituinte e o de distribuição são, assim, necessariamente interdependentes: o par de elementos e a unidade elementar que o substitui têm a mesma *distribuição.* A partir daí se estabeleceu, mais tarde, a noção de *estrutura sintagmática* (ing. *phrase structure*) mediante a indicação de quais elementos se unem para formar estruturas de nível mais alto. Diz-se, então, que o segmento 'as outras aves de rapina' e o segmento 'elas', por serem distribucionalmente equivalentes, pertencem à mesma classe ou categoria: ambos são sintagmas nominais (SN). Resta, assim, explicitar como se organizam internamente os sintagmas dotados de duas ou mais palavras. A descrição sintática baseada na identificação dos vários tipos de sintagmas e na formulação das regras que ordenam as palavras no interior dos sintagmas ficou conhecida como *gramática sintagmática* ou *de constituintes.*

Esse tipo de gramática permite descrever a estrutura da oração em constituintes imediatos, a saber: *sintagma nominal* (SN) + *sintagma verbal* (SV). Cada um destes é, por sua vez, analisável em outros constituintes. O exemplo que vimos pode ser assim diagramado:

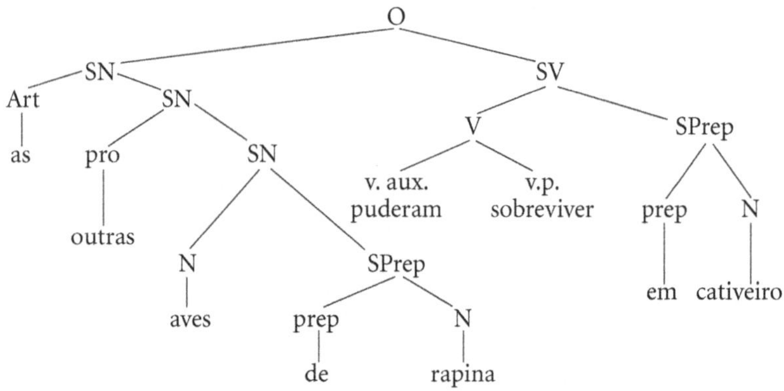

onde *SN* = sintagma nominal, *SV* = sintagma verbal, *SPrep* = sintagma preposicional, *Art* = artigo, *pro* = pronome, *N* = nome, *prep* = preposição, *v.aux.* = verbo auxiliar, *v.p.* = verbo principal.

A função sintática dessas unidades passa a ser interpretada como uma posição estrutural, e não mais como um valor lógico-semântico, como 'agente', 'paciente', 'circunstância', 'qualidade'. 'Sujeito', por exemplo, é o SN que constitui imediatamente a oração, não importando se é agente, paciente ou instrumento do verbo.

Essas gramáticas foram mais tarde consideradas impróprias para descrever a estrutura sintática das línguas porque não tinham meios de esclarecer vários aspectos da intuição linguística dos falantes nativos, como a capacidade de perceber a sinonímia de certas construções e de captar informações estruturais que não vinham explícitas nos enunciados. Isto é, uma gramática de constituintes não está apta a explicar a relação que une as frases 9 e 10 na intuição de seus falantes.

9. A geada queimou a plantação
10. Foi a geada que queimou a plantação

Uma vez que as descreve independentemente uma da outra. Também diante de um enunciado como

11. Eu os vi voltando da praia

essa gramática tampouco tem meios de esclarecer que mecanismo permite associar a 'voltando' ora 'eu' ora 'os', já que atribui a 11 uma única descrição estrutural.

Essas questões foram levantadas no curso da década de 1950 nos Estados Unidos e tiveram em Noam Chomsky seu principal formulador. Em substituição ao modelo sintagmático de análise, ele propôs um outro que distinguia dois níveis de representação estrutural: a 'estrutura profunda' – destinada a reunir todas as informações necessárias à interpretação semântica dos enunciados – e a 'estrutura superficial' que corresponde *grosso modo* à forma real dos enunciados. Esses dois níveis se diziam relacionados por um conjunto de operações gramaticais chamadas tecnicamente 'regras transformacionais', que podiam ser obrigatórias ou facultativas. Os exemplos 9 e 10, por exemplo, seriam derivados de uma mesma estrutura profunda; a regra de 'topicalização', facultativa, daria origem a 10. Por outro lado, a elipse de um constituinte repetido apaga o SN a que, em 11, *voltando* serve de predicado, seja este SN 'eu' ou 'eles', o que resulta na ambiguidade de 11.

A *gramática transformacional*, ou melhor, *gerativa*, como ficou conhecida essa teoria, vem suscitando, desde a publicação das *Syntactic Structures*, em 1957, o mais fecundo e apaixonado debate sobre a natureza e o funcionamento da linguagem nos últimos 30 anos. Resgatando a contribuição da gramática filosófica do século XVII, a gramática gerativa revela o acerto de muitas das intuições da gramática tradicional. Por outro lado, se é verdade que a gramática gerativa rejeitou a concepção de estrutura linguística subjacente ao modelo estruturalista, também é verdade que dele aproveitou o refinamento na formulação das 'regras de estrutura sintagmática', sem o que não teria sido possível representar a estrutura profunda nem formalizar as 'transformações'.

A gramática gerativa, reformulando-se, tem resistido às objeções de seus críticos. Há hoje uma tendência a abandonar o próprio conceito de estrutura profunda e, consequentemente, a ideia de transformação.

III. A INTERAÇÃO VERBAL

As relações humanas são normalmente mediadas por símbolos – gestos, cores, figuras, palavras – organizados em sistemas com graus variáveis de complexidade. A linguagem verbal é seguramente o mais complexo deles, quer por sua estrutura, quer pelas variadas funções que desempenha, e o único meio de expressão capaz de traduzir as mensagens veiculadas por qualquer outro sistema.

Fenômeno tipicamente interacional, o ato de falar/escrever envolve múltiplos fatores. Examinando os trechos abaixo, explicitaremos, de passagem, alguns deles, já que este assunto será objeto do capítulo VII.

Trecho 1: 'A = Alô! / B = É da residência do dr. Ari? / A = É sim, mas ele não está no momento. Quer deixar recado? / B = Ah, ... é só com ele. Eu ligo outra hora. Obrigado.'

Trecho 2: A = Pedrinho, até que enfim você apareceu. Que é que houve rapaz? Ganhou na loteria? / B = Antes fosse. Estive em São Paulo fazendo um tratamento de coluna. / A = Coluna?! Não é possível! Você sempre vendeu saúde!'

Trecho 3: "Algum tempo hesitei se devia abrir estas memórias pelo princípio ou pelo fim, isto é, se poria em primeiro lugar o meu nascimento ou a minha morte. Suposto o uso vulgar seja começar pelo nascimento, duas considerações me levaram a adotar diferente método: a primeira é que eu não sou propriamente um autor defunto, mas um defunto autor, para quem a campa foi outro berço; a segunda, é que o escrito ficaria assim mais galante e mais novo. Moisés, que também contou a sua morte, não a pôs no introito, mas ao cabo: diferença radical entre este livro e o Pentateuco." (Assis, 1960, p.111)

Diremos inicialmente que cada trecho é produzido numa *situação social* (1 = comunicação telefônica; 2 = encontro casual entre dois amigos; 3 = relato autobiográfico). Os trechos 1 e 2 envolvem explicitamente dois participantes, rotulados como A e B. Cada um é *locutor* (*emissor* ou *enunciador*) de uma parte do trecho, enquanto o outro é o *receptor* (ou *alocutário*). O trecho 3 é um ato de escrita, revelado como tal pelo próprio *enunciador* (cf. 'o escrito', 'este livro'), cujo *receptor,* embora pressuposto, está ausente da situação. Os trechos 1 e 2 diferem num ponto essencial: a *identidade social* dos participantes. Em 1 eles se tratam como pessoas que travam contato pela primeira vez, com a formalidade que o tipo de contato requer. Não há o mínimo sinal de intimidade ou familiaridade. Em 2 a linguagem de A está impregnada desses sinais (cf. 'Pedrinho', 'Ganhou na loteria?', 'Você sempre vendeu saúde!').

No trecho 3, a questão da identidade do emissor e do receptor é bastante complexa, já que se trata de uma obra literária. Basta-nos, para os propósitos desta seção, identificá-los como o *narrador-personagem* e o *leitor.*

Como nesse relato não há lugar para a interferência de um interlocutor, a tessitura do trecho será controlada por um único participante: o narrador-personagem. Nos trechos 1 e 2, o encadeamento do trecho é controlado por ambos os participantes, que se alternam no papel de locutor. No trecho 3 há a alusão a um ato discursivo de outra pessoa – Moisés –, mas que só interfere no relato segundo a vontade e o capricho eslilístico do narrador-personagem.

O processo de encadeamento de um trecho é orientado basicamente por dois fatores: 1 – o universo cultural e social experimentado/partilhado pelos participantes, e 2 – tudo que 'já foi enunciado' no trecho e que serve de referência para o que 'ainda se vai enunciar'. No trecho 2, por exemplo, a pergunta 'Ganhou na loteria?' entrosa-se bem no trecho em virtude do fator 1: a crença afetuosamente irônica de que, ao ficar subitamente rica, uma pessoa restringe o círculo de amigos ou os substitui. Também na linha do fator 1, B diz 'Antes fosse', aderindo à convicção corrente – e indiscutível – de que ganhar um prêmio é melhor do que ficar doente.

Vamos agora nos deter no trecho 3, a fim de destacar alguns dos procedimentos que o encadeiam segundo o fator 2: (a) o uso do demonstrativo 'estas', com a função de remeter para a citação prévia de 'memórias'(o que ocorre no título); (b) a elipse do complemento de 'começar', que o leitor, apoiado no contexto, facilmente interpreta como 'memórias'; (c) os numerais 'primeira' e 'segunda', que se ligam à expressão 'duas considerações' e à qual servem de enumeração; (d) por fim, a alusão a Moisés – que 'contou a sua morte' no Pentateuco – ligando o presente relato a outro, produzido em época passada. As ligações que acabamos de referir em (a), (b) e (c) ocorrem no mesmo contexto verbal, e a referida em (d) em contextos verbais distintos; esta faz uma 'ponte' entre dois textos, cria um 'intertexto'.

Os trechos 1, 2 e 3, utilizados e aceitos como unidades de sentido relevantes na situação em que ocorrem, constituem textos, isto é, expressões verbais de passagens comunicativamente unitárias da contínua atividade social do ser humano.

Todos temos a intuição do que seja um texto, visto que toda interação social mediada pela linguagem verbal se faz por meio de textos. Uma ordem, um pedido uma exclamação, um anúncio, um aviso, um comentário, uma descrição, uma narração são textos. Uns interpretáveis em função apenas do instante e lugar de sua ocorrência; outros, mais consistentes e permanentes por reunirem em si os elementos indispensáveis à sua interpretação. Seja como for, nenhum texto é integralmente autônomo como unidade de sentido; o que há são graus de comprometimento e aderência do texto relativamente aos múltiplos fatores que envolvem a produção deles. As interjeições ocupam o ponto mais alto dessa escala; já o grau mais reduzido de aderência é o dos textos consagrados como monumentos literários.

Ao telefone, uma pessoa provavelmente dirá 'Alô!' e nunca 'Estou anunciando que me acho à escuta da pessoa que fez este contato telefônico'. O 'Alô!' é a opção adequada de expressão naquele contexto, bastante para a finalidade do locutor; a segunda frase soa não só esdrúxula e redundante, mas sobretudo anticomunicativa. Não são poucas as pessoas que ficam embaraçadas ao depararem pela primeira vez com a resposta das secretárias eletrônicas: 'Isto é uma gravação ... Deixe o seu nome e recado após o sinal.'

Não é bastante, portanto, que um texto esteja bem-estruturado em termos lexicais e lógico-gramaticais; ele tem de ser, antes de tudo, pertinente à situação, isto é, adequado quanto ao *registro* do discurso.

Além de ser pertinente à situação, o texto deve, também, ser 'informativo', já que se destina a comunicar sentidos inteligíveis pelo receptor na mesma medida das intenções de seu enunciador. Para tanto, o texto costuma se organizar através de uma sequencialização semântica das unidades que o constituem. Esta propriedade se chama *coesão.*

Interjeições e textos monovocabulares em geral do tipo *saída, damas, perigo* só precisam atender à exigência do *registro* para funcionarem como textos. Períodos formados de sujeito e predicado, parágrafos formados de vários períodos, artigos, capítulos, contos, romances etc. são internamente estruturados em termos de *coesão,* e apresentam, como vimos, graus variáveis de independência relativamente ao contexto de sua produção.

IV. CATEGORIAS DA DESCRIÇÃO GRAMATICAL

1. Frase e oração

Um conceito-chave em toda a análise gramatical é o de unidade. Fonemas, sílabas, vocábulos, estrofes, parágrafos, capítulos são unidades de diferentes planos, níveis, tipos. Nas páginas precedentes abordamos a noção de texto, definido, não em termos de sua própria constituição interna, mas enquanto unidade de comunicação. O texto é, portanto, uma entidade pertencente ao domínio do ato verbal de comunicação, isto é, do *discurso.* Neste domínio, portanto, situa-se a *frase,* que é o menor texto possível.

Na sua realização mais aderente ao contexto situacional, a frase toma a forma de uma interjeição, a qual representa globalmente a situação a que se refere. No outro extremo, apresenta normalmente uma estrutura bimembre – a *oração* – centrada em um verbo com o qual se faz uma declaração – *predicado* – sobre um dado tema – *sujeito.*

Enquanto representação analítica de um conteúdo, portanto, a oração articula as funções *sujeito* e *predicado,* e, no predicado, o processo verbal e a época de sua ocorrência relativamente ao momento da enunciação – tomado como polo do *universo comentado* –, ou a um momento histórico – tomado como polo do *universo narrado* (cf. VII.1b e VIII.3).

As interjeições, as inscrições meramente indicativas do tipo *saída, Casas Pernambucanas,* as frases imperativas e exclamativas e as interrogativas não retóricas acham-se necessariamente unidas à situação em que se enunciam. Ordens e exclamações se exprimem frequentemente por simples interjeições. Somente frases declarativas podem ser totalmente alheias ao contexto situacional e, portanto, inteiramente interpretáveis sem o seu respaldo. Elas são típicas de qualquer texto em que prevaleça a chamada 'função referencial' da linguagem.

De qualquer forma, declarativas ou não, as frases que representam analiticamente um conteúdo fazem-no segundo os princípios sintáticos da língua, isto é, o sistema de unidades hierarquizadas – palavras, sintagmas, orações – e relacionadas umas às outras por um conjunto de mecanismos formais.

2. A hierarquia gramatical

A estrutura gramatical do português comporta vários níveis. O *morfema* é a menor unidade dessa estrutura; e o *período,* a maior. Acima do nível dos morfemas acha-se o dos *vocábulos;* acima deste, o dos *sintagmas,* a que se superpõe o das *orações.* Esquematicamente, temos:

PERÍODO
ORAÇÃO
SINTAGMA
VOCÁBULO
MORFEMA

E exemplificando:

Nível do período	os	meninos	brincavam	com	uma	pazinha
Nível de oração	os	meninos	brincavam	com	uma	pazinha
Nível dos sintagmas	os	meninos/	brincavam	com	uma	pazinha
Nível dos vocábulos	os/	meninos/	brincavam/	com/	uma/	pazinha
Nível dos morfemas	o/s/	menin/o/s/	brinc/a/va/m/	com/	um/a/	pa/zinh/a

Provisoriamente, diremos que a análise gramatical consiste em identificar essas unidades e as regras que permitem combiná-las entre si em cada nível. Tradicionalmente, os compêndios gramaticais têm-se referido aos níveis da oração e do período, recobertos pela *sintaxe,* e aos níveis do morfema e do vocábulo, recobertos pela *morfologia.* Manteremos esta distinção, por considerá-la adequada à descrição da gramática do português. O único problema está em não se ter explicitado um outro nível – o dos sintagmas – que medeia entre os vocábulos e a oração. Com efeito, os vocábulos não se unem para formar a oração do mesmo modo que os gomos se unem para formar uma laranja. Os vocábulos não formam a oração senão indiretamente. Eles se associam em grupos, os sintagmas, que são os verdadeiros constituintes da oração.

Vamos ilustrar essa afirmação tomando para exemplo o seguinte período:

12. O prisioneiro desatou o nó das cordas com os dentes

Proporemos inicialmente a segmentação desse período nos seguintes sintagmas: 'o prisioneiro', 'desatou o nó das cordas', e 'com os dentes'. Poderíamos nos perguntar por que os sintagmas são estas e não outras sequências, como: 1 – 'o prisioneiro desatou' e 'o nó das cordas com os dentes", 2 – 'o prisioneiro', 'desatou o nó' e 'das cordas com os dentes', ou 3 – 'o prisioneiro' e 'desatou o nó das cordas com os dentes' (que, como se verá, é compatível com a que propusemos).

É que as unidades gramaticais se definem por meio de certas peculiaridades distribucionais, como posição e mobilidade. Por exemplo, é possível deslocar para a primeira posição do período toda a sequência 'com os dentes'.

12b. *Com os dentes,* o prisioneiro desatou o nó das cordas

A possibilidade desse movimento é suficiente para provar que esta sequência é um sintagma. Também pelo deslocamento se identifica como sintagma o segmento 'o prisioneiro'.

12c. Com os dentes, desatou *o prisioneiro* o nó das cordas

Outro procedimento é a substituição da sequência por uma unidade simples. Observemos:

13. Mandaram amarrar o prisioneiro e apertar bem o nó das cordas, mas *ele* (= o prisioneiro) desatou-o (= o nó das cordas) com os dentes

Sequências que se deixam substituir por unidades simples no interior das orações também são sintagmas.

Um terceiro (e aqui último) procedimento que vamos adotar é a interposição de um 'e'. Normalmente, a presença de um 'e' indica a união de duas unidades pertencentes ao mesmo nível. Isto se passa em

14. *O prisioneiro* e *seu amigo* desataram o nó das cordas com os dentes
15. O prisioneiro *desatou o nó das cordas com os dentes* e *fugiu*

'Fugiu' é uma unidade funcionalmente (e distribucionalmente) equivalente à outra a que se une por meio do 'e', podendo, por isso, substituí-la, como em

16. O prisioneiro *fugiu*

O 'e' inserido em 15 não está, por conseguinte, ligando o verbo 'desatou' à forma 'fugiu', nem tampouco a forma 'fugiu' ao substantivo 'dentes', que a precede; o 'e' está unindo sintaticamente toda a sequência 'desatou o nó das cordas com os dentes' à forma capaz de substituí-la, 'fugiu'. Isto constitui prova suficiente de que toda esta sequência opera como uma unidade funcional, da mesma sorte que a unidade simples 'fugiu'.

Agora que sabemos por que a divisão inicial e a 3 são compatíveis, conclui-se que uma unidade de nível mais baixo pode combinar com uma unidade de nível imediatamente superior para compor outra unidade neste mesmo nível. É o que se dá em 'desatou o nó das cordas com os dentes': 'desatou', que é um vocábulo, combina-se com os dois sintagmas – 'o nó das cordas' e 'com os dentes' – para formar um sintagma mais complexo: *verbo + sintagma + sintagma.*

Em diagramas, teremos:

Formulamos acima três procedimentos para isolar na estrutura da oração as unidades – sintagmas – que a constituem: o *deslocamento*, a *substituição* e a *coordenação.*

Convém deixar bem claro que nem sempre o sintagma resulta da união de vocábulos, assim como o vocábulo nem sempre resulta da união de morfemas. A diferença entre uns e outros é, portanto, de nível e não de tamanho ou complexidade interna. Assim, como vimos em 15-16, 'fugiu' é um vocábulo em um nível e ocupa a posição de um sintagma em outro, e 'os meninos brincavam com uma pazinha' é uma oração em um nível e período em outro. Em ambos os casos estamos diante de uma unidade – sintagma ou período – formada de uma única unidade do nível imediatamente inferior.

Dissemos que o período é 'a maior unidade da estrutura gramatical'. Embora correta, esta definição requer alguns esclarecimentos: (a) o que é numa língua a sua estrutura sintática em oposição, por exemplo, ao seu léxico (ver I.2 e I.3)? e (b) que indicadores permitem delimitar – na cadeia da fala ou em um texto escrito, isto é, no discurso – as unidades a que chamamos *períodos* ou *orações*?

A questão (a) já foi objeto dos itens citados. Recordemos apenas que o léxico é o conjunto das palavras (no sentido de *lexemas*) de uma língua, geralmente listadas no dicionário. O léxico fornece os elementos com que se estruturam os sintagmas. À segunda questão vamos responder mediante o exame de um trecho de língua escrita:

"Neste instante de 1942 em que escrevo estas palavras, não resisto à tentação de ir à janela de meu apartamento para olhar o mar. À sombra de grandes guarda-sóis de gomos coloridos vejo banhistas deitados na areia da praia. Poucos deles se lembram agora de que devem a sua magnífica cidade a Estácio de Sá" (Veríssimo, 1966, p.47).

Há aí três segmentos claramente delimitados por pontos. Geralmente se utilizam estes sinais como indicadores dos limites dos períodos na língua escrita. Relativamente ao exemplo em questão, pelo menos, este critério conduz a uma segmentação correta: temos três períodos cujos limites coincidem com os pontos. Senão, vejamos:

À sombra de grandes guarda-sóis de gomos coloridos vejo banhistas deitados na areia da praia.

As três construções destacadas podem ocupar outras posições no interior deste segmento.

a) Vejo banhistas deitados na areia da praia à *sombra de grandes guarda-sóis de gomos coloridos*
b) À sombra de grandes guarda-sóis de gomos coloridos, *deitados na areia da praia*, vejo banhistas
c) *Banhistas* vejo deitados na areia da praia, à sombra de grandes guarda-sóis de gomos coloridos

Esta mobilidade, conforme já vimos, permite identificar aqueles segmentos como sintagmas. Esses sintagmas são partes desse período e não do que vem antes ou do que vem depois: o último sintagma se acha vinculado a 'banhistas', como prova a concordância de número; 'banhistas', por sua vez, se acha vinculado a 'vejo' (é em virtude desse vínculo que 'banhistas' pode ser substituído por 'os'). O primeiro sintagma tanto pode estar vinculado a 'vejo' como a 'deitados'. Seja como for, é no interior desse segmento que se estabelece o vínculo.

Noutras palavras, diremos que cada um desses sintagmas participa da oração graças à presença de outra unidade ('na areia da praia' adere sintaticamente a 'deitados', e este a "banhistas"). Cada unidade cria, por assim dizer, o contexto para a ocorrência de outra. "Banhistas" criou o contexto para a possível ocorrência de "deitados", mas não de qualquer outra unidade. Por outro lado, a presença de "deitados" torna possível a ocorrência de um sintagma como "preguiçosamente", fato que 'banhistas' não permite: pode-se construir 'deitados preguiçosamente', mas não 'banhistas preguiçosamente'.

Estas observações deixam ver que a estrutura gramatical se baseia em limitações de ocorrência impostas entre si pelas unidades – morfemas, vocábulos, sintagmas – que, através dos vários níveis, constituem o período.

Este período que estamos examinando relaciona-se, obviamente, ao anterior, por um estreito elo semântico que entronca os vocábulos 'mar' (primeiro período) e 'guarda-sóis', 'banhistas' e 'praia' (segundo período), o que não impede interpretar um sem o conhecimento do outro. O último período, porém, começa com 'Poucos deles', cuja interpretação (= banhistas) depende do período anterior. Trata-se de um processo de ligação que transcende os limites sintáticos da oração (sintaticamente, 'eles' acha-se vinculado a 'lembram'). Voltaremos a este assunto no capítulo VII.

Para encerrar esta parte, firmaremos o conceito de período subjacente à ilustração oferecida acima: "Unidade gramatical entre cujas partes constituintes se podem estabelecer as dependências e limitações distribucionais, mas que não pode por si mesma ser colocada em nenhuma classe distribucional." (Lyons, 1979, p.180)

3. As classes das palavras

Tradicionalmente, as classes das palavras têm sido definidas segundo suas propriedades semânticas, sintáticas e morfológicas. Mais de um linguista considerou a heterogeneidade desse critério um defeito. Convém, contudo, reconhecer que essa heterogeneidade não está na análise, senão na própria natureza das entidades lexicais que se agrupam sob o rótulo de 'palavras'. Estabelecida a hierarquia devida, a heterogeneidade se dilui.

Uma distinção básica permite distribuir as palavras de uma língua em dois grupos: o das *palavras nocionais* e o dos *instrumentos gramati-*

cais. Expliquemo-nos com um exemplo: se combinarmos na ordem que se segue os vocábulos *peixe, comer, inseto, cair, lagoa,* notamos que dela se pode extrair algum sentido, por mais que não se trate de uma frase do português; para convertê-la numa frase, teríamos que acrescentar unidades que lhe conferissem um arranjo aceitável: (cf. I.1), qualquer coisa como 'esses peixes comem os insetos que caem na lagoa'. Esta nova sequência está gramaticalmente bem-estruturada, o que se deve, em parte, à presença de *esses, que, os, na* (em+a). Pelo seu papel estruturador, esses vocábulos se dizem 'gramaticais' ao passo que os primeiros – que representam 'seres' e 'ações', isto é, dados do universo extraverbal, reais ou imaginários – se dizem 'nocionais'. Sem muita exigência, e revelando a impropriedade de opor nocional a gramatical (também a gramática exprime 'noções'), esta primeira classificação pode ser útil (cf. I.3).

As classes fundamentais

Mattoso Câmara formulou uma classificação baseada em dois critérios, um misto e outro simples, que é didaticamente satisfatória (Câmara, 1976). Para ele, as palavras do português se agrupam, primeiro, consoante um critério morfossemântico, em quatro classes: nome, verbo, pronome e conectivo. As três primeiras classes são constituídas basicamente de palavras variáveis, a última de palavras invariáveis.

O verbo distingue-se no grupo, nessa primeira divisão, pelo paradigma flexional em que se enquadra (apresenta variação modo-temporal e número-pessoal). O nome e o pronome, por sua vez, são variáveis em gênero e número, exprimíveis numa e noutra classe pelo mesmo mecanismo flexional. A distinção entre eles repousa, de um lado, na natureza da significação, e de outro, em certas propriedades morfossintáticas exclusivas do pronome (formas distintas para diferentes pessoas e funções).

Semanticamente, o nome 'nomeia' os seres, permitindo que o locutor e o ouvinte os designem sem o reforço da situação ou do contexto verbal. O pronome, por outro lado, efetua uma referência contextual ou situacional: quem diz 'aquela roupa estava na minha gaveta', só está particularizando 'roupa' e 'gaveta' em função de uma situação. Sabe-se apenas, por meio de 'aquela' e de 'minha', que a roupa em questão está distante dos interlocutores e que a gaveta pertence ao locutor. Esta constatação, todavia, não esclarece tudo, uma vez que as palavras 'distante' e 'próximo' também significam noções relativas e nem por isso são pronomes. Basicamente, importa ter em vista a referência à situação em que se encontram os interlocutores: os pronomes a incluem na significação dos enunciados. Com efeito, pode-se dizer 'Recife fica distante de Porto Alegre' em qualquer parte do Brasil, que o significado da frase será o mesmo; mas quem diz 'Recife fica distante daqui' designa com o 'aqui' o lugar em que, na qualidade de locutor, se encontra. Logo, 'aquele', 'minha' e 'aqui' situam e/ou identificam objetos e ações relativamente ao contexto/situação do discurso, pelo que são pronomes. Do ponto de vista mórfico, boa parte dos pronomes apresenta formas distintas conforme a pessoa do discurso a que se referem. Entre estes pronomes, os denominados 'pessoais' têm formas distintas para cumprir as funções de sujeito e complemento. Acrescente-se, quanto ao aspecto mórfico, que vários pronomes apresentam, ao lado das formas masculina e feminina, uma terceira forma 'neutra' ('aquilo', em face de 'aquele/aquela').

O segundo critério de Mattoso, bastante simples, redistribui os nomes, os pronomes e os conectivos segundo características sintáticas. O nome e o pronome podem ser *substantivos, adjetivos* ou *advérbios*; os conectivos podem ser *conjunções* ou *preposições*. Estes papéis só podem ser identificados no contexto da oração ou do sintagma: em 'meus amigos ingleses', 'amigos' é o núcleo da construção, classificado por isso como substantivo, ao passo que 'ingleses', constituinte modificador, é um adjetivo; por outro lado, em 'os povos amigos', 'povos' é o núcleo e 'amigos' funciona como adjetivo. Na mesma linha de raciocínio, dir-se-á que em 'eles são meus amigos', 'eles', sujeito da oração, é um pronome substantivo, enquanto 'meus', adjunto de 'amigos', é um pronome adjetivo. Ademais, o nome e o pronome podem funcionar como advérbios se o termo que acompanham é um verbo e podem dar lugar a expressões preposicionadas. É o que se passa com 'alto' e 'aqui' em 'eles conversavam *alto*' (cf. eles conversavam *com entusiasmo*) e em 'eles conversavam *aqui*' (cf. eles conversavam *nesta sala*).

Quanto aos conectivos, há, segundo Mattoso, os que ligam palavras (preposições) e os que ligam orações (conjunções). Assim, em 'casa de tijolos', 'de' é uma preposição, cabendo, porém, a 'enquanto' o papel de conjunção em 'ela ria enquanto você chorava'.

Os nomes

O agrupamento de substantivos e adjetivos sob o rótulo comum 'nomes' tem uma longa tradição. Afinal, o nome era identificado graças às categorias de gênero, número e caso, partilhadas por substantivos e adjetivos nas línguas clássicas – o grego e o latim. A distinção, estabelecida no século XIV pelos gramáticos modistas, deixa ver sua origem sintática na própria etimologia daqueles termos. Mattoso estava convencido de que só o comportamento sintático permite distinguir substantivos de adjetivos. Não devemos, contudo, esquecer-nos de que há palavras que só funcionam como substantivos e outras que só funcionam como adjetivos. 'Povo', 'festa', 'livro' são sempre substantivos; 'límpido', 'fluvial', 'perpétuo' são sempre adjetivos. Por outro lado, há substantivos que, mesmo modificando outro substantivo, não mudam de classe: 'maçã', 'sabão' e 'macho' continuam substantivos em 'banana-maçã', 'pedra-sabão', 'onça macho'. O critério sintático resolve uma parcela dos casos, deixando sem resposta duas perguntas: que faz com que certas palavras sejam sempre substantivos ou sempre adjetivos? Que faz com que certos nomes, mesmo no papel de modificadores, continuem substantivos?

Conectivos

Abrangem as tradicionais preposições, as conjunções subordinativas e as conjunções coordenativas. É oportuno observar, porém, que a base distintiva que, segundo Mattoso, separa preposições e conjunções é insatisfatória. Com efeito, 'e' é uma conjunção em 'Flávia e Gisele são irmãs', apesar de estar ligando palavras; 'para' é uma preposição na frase 'comprei esta cesta para jogar lixo', embora ligue estruturas formadas por sujeito e predicado, isto é, orações (cf. para jogar lixo/para você jogar lixo).

Não há necessidade – tampouco esta é a prática corrente – de considerar o 'para' ora conjunção ora preposição. Na realidade, as preposições têm muito em comum com as conjunções subordinativas, pois umas e outras servem para indicar que a estrutura que integram se acha subordinada a uma construção situada em nível mais alto. Preposições e conjunções subordinativas se equivalem funcionalmente e devem ser descritas como subtipos de uma classe lexical só, como veremos mais adiante (cf.

p.43). A diferença entre uma e outras consiste em que as preposições introduzem construções sem conteúdo modo-temporal explícito (cf. comprei esta cesta *para* você *jogar* lixo), enquanto as conjunções subordinativas introduzem estruturas cujo conteúdo modo-temporal se explicita (cf. comprei esta cesta *para que* você *jogue* lixo). As conjunções coordenativas ligam quaisquer construções ou constituintes funcionalmente nivelados na frase; elas não 'criam' novas funções, ao contrário dos outros conectivos. Assim é que, diante da frase 'Soubemos que a chuva durou uma semana/e/ os rios transbordaram', percebemos que o 'e' iguala funcionalmente as orações 'Soubemos que a chuva durou uma semana' e 'os rios transbordaram'. Já em 'Soubemos que os rios transbordaram/porque/a chuva durou uma semana', as mesmas orações se acham em relação hierárquica: a conjunção 'porque' 'criou' a função de adjunto adverbial exercida pela oração que ela introduz.

'Preposições' e 'conjunções subordinativas' têm em comum a função de *transpositores* (cf. IV.5). Com efeito, umas e outras introduzem estruturas que funcionam como modificadores com a mesma distribuição dos *sintagmas adjetivos* e dos *sintagmas adverbiais* (cf. IV.4 e V.3). Uma subclasse das 'conjunções subordinativas' – os nominalizadores 'que' e 'se' – introduz *sintagmas nominais* (SN) integrados por oração. A classe dos conectivos fica, pois, formada pelas 'conjunções coordenativas' – que chamaremos genericamente *coordenantes* – e pelas 'preposições', 'conjunções subordinativas adverbiais' e 'conjunções integrantes' – *subordinantes* aos quais chamaremos, respectivamente, *preposições, conjunções* e *nominalizadores.*

A questão das 'locuções conjuntivas'

Alguns linguistas têm proposto, no quadro da análise sintagmática, que se analisem 'locuções' como *desde que, para que, sem que* como dois elementos (preposição + nominalizador (que alguns chamam 'complementizador')), tendo em vista dados como:

17. Ele entrou na festa sem [que fosse convidado / convite]

18. Eles moram aqui desde [que a rua foi pavimentada / o ano passado]

Estes exemplos de fato admitem tal análise. Mas essa segmentação não dispensa a classe das 'locuções conjuntivas', já que a posição aí ocupada por preposições pode ser preenchida por unidades ou sequências de unidades de classificação heterogênea: *advérbios,* como em '*sempre* que', '*assim* que', '*já* que', '*ainda* que'; aglutinações de *preposição* e *pronome indefinido,* como em '*contanto* que'; *locuções adverbiais,* como em '*uma vez* que'; sequências de *preposição* e *substantivo,* como em '*de sorte* que', '*de maneira* que'; *particípio,* como em '*visto* que', '*dado* que', '*posto* que'.

Não acredito que haja qualquer vantagem na segmentação dessas locuções. Se é verdade que *desde* e *sem* podem muito bem ser analisadas como unidades independentes de *que* nos exemplos dados, considerar *desde* uma preposição em

19. Faremos a reforma do colégio *desde* que obtenhamos o empréstimo

equivale a reconhecer que *desde* assume excepcionalmente valor condicional nas construções em que ao nominalizador 'que' se segue um subjuntivo, já que, enquanto preposição, *desde* significa 'afastamento de um limite com insistência no ponto de partida'. Ora, nem *desde* nem *que* exprimem condição; este valor é expresso pela união dos dois na locução.

Por outro lado, segmentar *desde que* em *desde* (prep.) e *que* (nom.) no enunciado

18. Eles moram aqui desde que a rua foi pavimentada

obriga-nos, em nome da coerência, a uma das seguintes soluções: (a) incluir *logo, assim, sempre, ainda, posto, uma vez, de sorte, contanto* etc. na classe das preposições – o que me parece uma solução embaraçosa, porque essas unidades não ocorrem como preposições em outros contextos; ou (b) criar outras espécies de sintagmas segundo a 'classe' daquelas unidades, o que é uma solução complicada, em face da dificuldade de classificar 'se bem' 'de sorte' ou 'contanto'.

Cremos que a melhor análise ainda é a tradicional, baseada que está em um critério sincrônico e distribucional. Aquelas locuções são distribucionalmente equivalentes a 'quando', 'embora', 'conquanto', e exprimem, através de sua parte variável, circunstâncias (tempo ou modo), ou modalidade (condição, causa, concessão, inferência, justificativa, finalidade).

Em algumas construções, contudo, preposições ou marcadores (cf. IV.3) são lexicalmente independentes dos transpositores que introduzem sintagmas adverbiais diversos:

20. Transferimos o passeio *para* quando tudo se acalmar
21. Eles moram aqui *desde* quando voltaram da Europa
22. Eles vão acampar *mesmo* onde não seja permitido
23. A temperatura fica baixa *ainda* quando o sol aparece

Ainda uma vez insistimos em que a classe dos subordinantes compreende subclasses conforme a unidade que introduzem: as tradicionais *preposições* vêm seguidas de SNs, tenham eles na base um substantivo, um pronome ou um infinitivo; as conjunções e os nominalizadores vêm seguidos de oração cujo predicado contém verbo em forma finita (com conteúdo modo-temporal explícito). Há uma terceira subclasse – que inclui formas como *conforme* e *segundo* – cujos membros ocorrem em qualquer desses contextos.

O artigo

Uma análise mais detida do que as gramáticas escolares chamam *artigo* revela que as unidades arroladas sob essa rubrica constituem subclasses dos pronomes demonstrativos e indefinidos. Os artigos definidos (o/a/os/as) perderam certas tipicidades sintáticas dos pronomes demonstrativos propriamente ditos, mas guardam o valor dêitico e o papel anafórico de sua origem histórica. Eunice Pontes (Pontes, 1978), investigando a distribuição dos *determinantes* em português, chegou a afirmar que não encontrou evidência sintática que a levasse a considerar o artigo definido uma subclasse distinta dos demonstrativos. Este era também o pensamento de Vendryes (Vendryes, 1943, p.157) em relação ao francês, e de Jespersen (Jespersen, 1975, p.85) relativamente ao inglês. Mais adiante se verá, entretanto, que pelo menos num aspecto a sintaxe dos pronomes e a dos artigos não coincidem.

Há quem tenha chegado à conclusão de que o artigo "é mais um morfema-vocábulo do que um vocábulo pertencente a uma classe determinada" (Schneider, 1974, p.65-77), argumentando que o artigo serve apenas para indicar o gênero dos substantivos, função que também desempenha o sufixo flexional em *Autor* + Ø / *Autor* + *A*. Esse argumento é inconsistente porque perde de vista que a noção de vocábulo está ligada a certas características distribucionais, que não faltam ao artigo (pode-se separá-lo do substantivo pela intercalação de um pronome ou de um adjetivo: *o menino/ o* outro *menino/ o* irrequieto *menino*). Além disso, do mesmo modo que *a* indica 'feminino' em 'a criança', *eu* indica 'primeira pessoa' em 'eu sabia'. Do mesmo modo que – *a* indica 'feminino' em 'autora', – *o* indica 'primeira pessoa' em 'quero'. Seria, então, *eu* um 'morfema-vocábulo'? E o que quer dizer *morfema-vocábulo*? Morfema e vocábulo são unidades de diferentes níveis na estrutura gramatical, não importa o tamanho que tenham nem o que signifiquem.

Para a língua espanhola, Emilio Alarcos Llorach (Alarcos Llorach, 1970, p.166-77) manteve a classe dos artigos, restringindo esta denominação, porém, às formas ditas definidas, em face da diferença de distribuição sintagmática entre *el* e *un*.

O mesmo se pode dizer do português: o que se opõe às formas *o, a, os, as* é a ausência delas. Este esquema é, aliás, o que se verifica na origem dessas formas, como esclarece Mattoso Câmara: "É uma forma pronominal nova, chamada tradicionalmente 'artigo', que o latim clássico desconhecia, mas se desenvolveu pouco a pouco no latim vulgar por uma extensão do emprego de um demonstrativo ...; assim, *a sua ausência* [grifo nosso] indica, *ipso facto*, uma referência indefinida, que podia ser mais enfática com a presença do numeral *unus, una* em nova função." (Câmara, 1975, p.97-8). A presença de 'os' institui uma referência dêitica (comprei sapatos/comprei *os* sapatos), ao passo que sua ausência indeterminada deixa indefinido o objeto 'sapato'. O que se opõe a *um, uma, uns, umas* é *muitos, vários*.

As diferenças de distribuição sintagmática se observam nos seguintes exemplos:

24. Se você for à cidade comprar doces húngaros, compre *uns* para mim
25. Se você achar os documentos, guarde *os* com você

Nesses exemplos, 'para mim' e 'com você' são modificadores dos verbos. Portanto, 'uns' pode ocorrer como objeto, mas o artigo 'os' não pode; 'os' requer, enquanto artigo, a presença de um constituinte do sintagma nominal a que pertence para poder figurar na frase, ao passo que 'uns' não faz essa exigência. Observe-se:

26. Apanhe as bolas azuis, mas deixe as amarelas onde estão

Neste exemplo, 'as amarelas' constitui um sintagma nominal ao qual se subtraiu o núcleo 'bolas'. 'Amarelas' satisfaz a exigência a que nos referimos, permitindo que 'as' figure como artigo no enunciado. Esta é a peculiaridade sintática do artigo em face dos tradicionais 'pronomes demonstrativos'. Ainda assim, constitui, ao lado dos *demonstrativos* o que no capítulo V chamamos a subclasse dos *identificadores,* e é uma espécie de *pronome adjetivo.*

Os numerais

Na *Estrutura da língua portuguesa,* Mattoso Câmara não chegou a fazer qualquer referência aos *numerais.* Já no *Dicionário de filologia e gramática,* define-os como uma espécie de nome. Os numerais, como os nomes, ora são adjuntos, ora são núcleos do sintagma nominal. Semanticamente são quantificadores definidos, por oposição a *todo, muito, vários, menos* etc., que são quantificadores indefinidos. Morfossintaticamente, uma parte deles é susceptível de variação em gênero (dois/duas, trezentos/trezentas). Pelas definições que se leem nas gramáticas, vê-se que a designação de uma quantidade definida é que tem valido aos numerais uma classe à parte. Todavia, se parece 'normal' considerar *dez, década, dezena, décimo* numerais, o mesmo não se passa em relação a *lustro, semana, hora, polegada, quilo,* que também denotam quantidades definidas. Do ponto de vista da morfologia lexical, a associação entre 'quinzena' e 'quinzenal' é a mesma que liga 'mês' a 'mensal', 'semana' a 'semanal'. Também em *decímetro, quinquênio,* vemos numerais formando compostos como raízes nominais em aglutinação. Não há, portanto, qualquer razão para considerarmos os numerais lexicalmente distintos dos substantivos e adjetivos. Sintaticamente, os adjetivos numerais geralmente precedem o substantivo (duas páginas, segunda página). Os substantivos se empregam para 'nomear' os *números* (dois, cem, trinta e dois), para denotar *frações* (terço), *múltiplos* (triplo) e *coletivos* (década) e como aposto com valor ordinal (página dois, capítulo trinta) (ver V.1).

Temos, em resumo, o seguinte conjunto de classes de palavras: *substantivos, adjetivos, verbos, pronomes, advérbios, subordinantes, coordenantes* (ou *interposições*) e *marcadores.*

A classe dos substantivos recobre as unidades assim chamadas tradicionalmente e os 'numerais' determináveis pelos artigos – dobro, dezena, década, quinto. A classe dos adjetivos inclui as unidades assim chamadas tradicionalmente e vocábulos como *certo, determinado, diverso(s), vários, inúmeros,* usualmente colocados antes do substantivo. A classe dos pronomes compreende os 'pronomes' tradicionais, os artigos e a palavra 'ambos', normalmente incluída entre os numerais. Lexicalmente, os pronomes são *quantificadores* (Qt: todo, toda, todos e ambos), *indefinidos* (Ind: alguém, ninguém, quem, tudo, nada (núcleos), algum, nenhum, cada, qualquer, todo, pouco, muito, bastante, um, uns, tanto, quanto (adjuntos ou núcleos)), *pessoais* (Pess: eu, você, ele, nós, o, a, se, mim), *identificadores* (Id: isto, isso, aquilo (núcleos), o, a, os, as (tradicionalmente chamados 'artigos'), este, esta, essa, essas, aquela, aqueles (adjuntos)), *referenciadores* (Ref: outro, mesmo, tal, demais (= restantes)), *possessivos* (Poss: meu, teu, sua, nossa, vossos), *relativos* (Rel: o qual, a qual, que, quem (núcleos), cujo (adjunto)).

A classe dos advérbios compreende as palavras invariáveis que, quanto à distribuição, funcionam como modificadores, e quanto ao sentido, exprimem circunstâncias (tempo, lugar e modo), intensidade ou atitude.

Chamamos *subordinantes* às tradicionais preposições e conjunções subordinativas. Reservamos, porém, o nome de *conjunções* para as tradicionais 'conjunções subordinativas adverbiais' e chamaremos *nominalizadores* as 'conjunções integrantes' 'que' e 'se'. Não se trata de um capricho terminológico, nem tampouco de uma reformulação descritiva, pois a gramática tradicional, como indica a correspondência, estabelece essa diferença. Chamar 'que' e 'se' *nominalizadores* – há quem prefira chamá-los 'complementizadores' – tem a vantagem de associá-los terminologicamente à função deles: introduzir SNs. A classe dos *coordenantes* (ou 'interposições') inclui, como dissemos, as 'conjunções coordenativas' 'e', 'ou', 'mas' e 'pois'. Por fim, a classe dos *marcadores* compreende palavras que, pondo-se à margem dos sintagmas, servem para assinalar o limite deles (cf. p.125).

4. As classes de sintagmas

Estabelecidas as classes de palavras, vejamos as classes de sintagmas. São cinco: *sintagma nominal* (SN), *sintagma verbal* (SV), *sintagma adjetivo* (SAdj), *sintagma preposicional* (SPrep) e *sintagma adverbial* (SAdv). A descrição de cada espécie de sintagma é feita no capítulo V.

5. A transposição

Alguns sintagmas, já o sabemos, têm a mesma distribuição das unidades que lhes servem de base (SAdj integrado por adjetivo, SN integrado por substantivo, SAdv integrado por advérbio). Outros, porém, têm distribuição diversa das unidades que entram em sua constituição. São sintagmas formados por *transposição*, processo que constitui (a) os SNs, SAdjs e SAdvs formados a partir de orações, (b) os SPreps, (c) os gerúndios, (d) os infinitivos, (e) os particípios (apenas os precedidos de TER/HAVER, pois os demais 'particípios' são aqui analisados como adjetivos), (f) os SVs introduzidos por SER e (g) SNs de base não nominal.

Os elementos (vocábulos e afixos) que materializam a transposição recebem o nome de *transpositores*. São transpositores, portanto, os subordinantes (preposições, conjunções e nominalizadores), os pronomes relativos, os advérbios e pronomes indefinidos interrogativos que introduzem SNs constituídos de oração, o verbo SER introdutor de predicado, o verbo *ter/haver* seguido de particípio, os afixos *-ndo* (gerúndio), *-do* (particípio) e *-r* (infinitivo) e certos determinantes que servem para substantivar expressões não nominais.

Quando constituídos de oração, os sintagmas transpostos conservam os constituintes oracionais e estes as funções que exercem no interior da oração. Por isso, neles encontramos *sujeitos* e *objetos*, *predicadores* e *modificadores*. Por outro lado, sintagmas já constituídos por uma transposição estão também sujeitos a transposições que vão criar outros sintagmas. Vejamos os exemplos.

27. Saindo de casa, lembrei-me que era domingo

Em 27, 'saindo de casa' é um modificador da oração seguinte. Procedeu-se à transposição por gerúndio (*-ndo*). Em

28. Sendo você meu amigo, vou confiar-lhe um segredo

'sendo você meu amigo' constitui uma transposição gerundial de uma oração (SN= você, SV= sendo meu amigo) cujo SV constitui, por sua vez, uma transposição através de *ser*. *Ser* transpõe o SN 'meu amigo' à condição de *predicador*, e, na qualidade de verbo, está sujeito à transposição operada por *-ndo*. Da mesma forma, em

29. Ana tem procurado seus pais

o SV (tem procurado seus pais) se constitui por transposição operada por *ter*, que faz do particípio, forma transposta por sua vez (*-do*), um predicador. O SN 'seus pais', indiferente a essa rede de transposições, continua objeto do verbo, assim como em 'sendo você meu amigo', os sintagmas 'você' e 'meu amigo' funcionam, respectivamente, como sujeito e predicador.

A transposição é, portanto, um processo sintagmático de formação de sintagmas ou constituintes de distribuição distinta das entidades a partir das quais se formam. SN, SV, SPrep, SAdv, SAdj são categorias, assim como *nome, verbo, adjetivo, advérbio* são categorias. As categorias são, portanto, de duas espécies: *lexemas* (unidades do léxico) e *sintagmas* (unidades da sintaxe). A sintaxe compreende dois componentes: o *categorial* (constituído pelos sintagmas) e o *funcional* (constituído pelas funções: sujeito, predicado, objeto, modificador, predicador).

A transposição é um mecanismo que compensa a rigidez da estrutura sintagmática, a qual organiza sob a forma de sintagmas a expressão do conteúdo a ser comunicado analiticamente pela linguagem verbal. Categorias não predicativas tornam-se predicativas por obra da transposição, e categorias predicativas – como a oração – passam, em virtude da transposição, a ser parte de outras orações. É, portanto, um mecanismo que expande infinitamente os enunciados. A transposição é um meio de revelar relaçoes associativas sistemáticas que o locutor/receptor é capaz de estabelecer entre as unidades da língua, como entre a pergunta direta 'Quem são vocês?' e a indireta 'Quero saber quem são vocês.', ou entre as formas do gerúndio, do particípio e do infinitivo entendidas como realizações aspectuais de um mesmo lexema.

Não se deve, porém, entender a transposição como um mecanismo que 'dá origem', num sentido histórico ou psicológico, a certas entidades sintáticas, porque é descritivamente impossível estabelecer, entre as unidades associadas por transposição, qualquer ordem derivacional. A transposição constitui um meio de relacionar estruturas sincrônicas entre si e atuantes na língua.

6. A oração

A *oração* é a unidade gramatical cujo eixo é o verbo. Período é a unidade gramatical constituída de pelo menos uma oração e que pode funcionar como *frase*. O conceito de período coincide, neste caso, com o de oração, mas dele se distingue quando duas ou mais orações se ligam coordenativamente.

O trecho de Érico Veríssimo anteriormente analisado contém três períodos, o segundo deles (À sombra de grandes guarda-sóis de gomos coloridos *vejo* banhistas deitados na areia da praia) contém uma única oração, e o último (Poucos deles se *lembram* agora de que devem a sua magnífica cidade a Estácio de Sá) contém uma oração principal – o período – e uma subordinada (de que devem a sua magnífica cidade a Estácio de Sá).

Toda oração contém um *predicado,* constituído de um verbo *predicador* ou de um verbo *transpositor.* Se o verbo é pessoal, a oração contém também um *sujeito,* e se é transitivo, o predicado contém também um *objeto.* Se o verbo é um transpositor, o *predicado,* por ele introduzido, é um sintagma não verbal.

Disso resulta a análise da oração em dois constituintes centrais – sujeito e predicado – e do predicado em um constituinte central (verbo predicador intransitivo) ou em dois constituintes centrais, que podem ser (a) *verbo predicador transitivo* seguido de *objeto* ou (b) *verbo transpositor* seguido de *predicador não verbal.*

A oração que serve de base a um período pode, por sua vez, receber modificadores que, neste caso, são constituintes dessa oração ou do próprio período. Nos exemplos abaixo, todos os modificadores estão contidos direta ou indiretamente na oração.

30. Ele entrou na sala correndo (sujeito = ele; predicado = entrou na sala correndo; modificadores = na sala, correndo)
31. A menina comeu muito depressa a maçã verde tirada ontem (sujeito = a menina; predicado = comeu muito depressa a maçã verde tirada ontem; modificadores = muito depressa, verde, tirada, ontem; objeto = a maçã verde tirada ontem)
32. Soubemos que o anel que ela ganhou vale uma fortuna (sujeito = (nós); predicado = soubemos que o anel que ela ganhou vale uma fortuna; objeto = que o anel que ela ganhou vale uma fortuna; nominalizador do objeto = que; oração contida no objeto = o anel que ela ganhou vale uma fortuna; sujeito = o anel que ela ganhou; predicado = vale uma fortuna; modificadores = que ela ganhou, uma fortuna; transpositor = que; oração contida no modificador = ela ganhou (o anel); sujeito = ela; predicado = ganhou (o anel); objeto = que (= o anel))

7. Predicadores

O único constituinte indispensável à existência de uma oração é o predicado, em cuja estrutura se combinam um *componente lexical* e um *componente gramatical*, que, podendo reunir as categorias de *tempo, modo, aspecto, número* e *pessoa*, realiza a função predicativa. O componente lexical do predicado é o *predicador*. Reserva-se então o nome de *verbo predicador* àquele que reúne na mesma forma concreta os componentes lexical e gramatical[1]. Os verbos predicadores podem ser transitivos ou intransitivos. Vejamos os exemplos. Entre colchetes vêm indicados o componente lexical, em maiúsculas, e o componente gramatical.

33. O pássaro voa [VOAR + pres./ind./3ªp./sg.]
34. Estas caixas contêm fósforos [CONTER + pres./ind./3ªp./pl.]
35. Ela ofereceu um almoço aos amigos [OFERECER + pret./perf./ind./3ªp./sg.]
36. Trovejava muito durante o verão [TROVEJAR + pret./imperf./ind./3ªp./sg.]

Podem, porém, os componentes lexical e gramatical vir separados na estrutura do predicado. Isto ocorre quando o componente lexical não é, ele próprio, um verbo predicador, isto é, uma unidade capaz de se flexionar naquelas categorias. O componente gramatical vem então expresso num verbo puro, chamado *verbo transpositor*.

37. O pássaro é preto (é = verbo transpositor; preto = predicador)
38. A festa será amanhã (será = verbo transpositor; amanhã = predicador)
39. A canoa tinha afundado (tinha = v. transpositor; afundado = predicador)
40. A entrada foi sem convite (foi = v. transpositor; sem convite = predicador)
41. É impossível ser imparcial (é e ser = verbos transpositores; impossível e imparcial = predicadores)
42. A canoa foi afundada (foi = v. transpositor; afundada = predicador)

---

[1] Enquanto classe lexical – ou *lexema* – o verbo vem identificado nos dicionários através do *infinitivo,* mas não se confunde com ele. O infinitivo, que é uma das muitas realizações morfossintáticas do verbo, só por convenção representa a entidade abstrata que chamamos *lexema*.

Uma importante característica do predicador não verbal é a possibilidade de ele combinar com o termo que serve de sujeito à oração sem a mediação do transpositor. Neste caso, a unidade tem o papel de modificador (cf. 'o pássaro preto', 'a festa amanhã', 'a canoa afundada', 'a entrada sem convite'). Noutras palavras, a condição de predicador repousa numa compatibilidade semântica entre os sintagmas – sujeito e predicador – envolvidos na relação predicativa, de modo que, se o predicador é não verbal, o sintagma que o realiza pode ocupar o lugar de modificador do sintagma que desempenha a função de sujeito.

Nas orações desprovidas de sujeito, o verbo transpositor não estabelece qualquer relação entre termos. A tradicional classificação do verbo 'ser' como 'de ligação' revela-se então incoerente. De fato, o recurso a esse verbo tem por fim originar uma expressão predicativa, base do que chamamos *oração,* conferindo o papel de predicador a uma unidade que por si não tem meios morfossintáticos de funcionar como tal.

8. Os processos sintáticos

Palavras, sintagmas, orações associam-se no discurso em virtude de variadas relações semânticas, umas vezes intuídas pelo locutor/receptor graças a fatores extralinguísticos, outras explicitadas por uma numerosa gama de meios de coesão textual: transpositores; pronomes pessoais, demonstrativos e possessivos; advérbios; concordância etc. Na fala, a entoação responde pela indicação de muitas dessas associações (cf. a diferença de entoação com que se enuncia o sintagma 'meu amigo' nos papéis de *aposto* ou de *vocativo:* 'Quem abandonou a competição foi o Inácio, *meu amigo*').

Intuídas ou explícitas, as associações se estabelecem tanto entre os constituintes da oração – e neste caso são fundamentalmente *sintáticas* – como entre orações – e neste caso são fundamentalmente *discursivas stricto sensu* (cf.VI).

Se a ligação é sintática, explicita-se por meio dos *subordinantes;* se é discursiva *stricto sensu,* através dos *coordenantes;* e se discursiva *lato sensu,* por meio dos *operadores discursivos.*

a) As ligações sintáticas

Vamos observar inicialmente a seguinte passagem.

"Quando me acontecer alguma pecúnia, passante de um milhão de cruzeiros, compro uma ilha; não muito longe do litoral, que o litoral faz falta; nem tão perto, também, que de lá possa eu aspirar a fumaça e a graxa do porto. Minha ilha (e só de imaginar já me considero seu habitante) ficará no justo ponto de latitude e longitude que, pondo-me a coberto de ventos, sereias e pestes, nem me afaste demasiado dos homens nem me obrigue a praticá-los diuturnamente. Porque esta é a ciência e, direi, a arte do bem viver; uma fuga relativa, e uma não muito estouvada confraternização." (ANDRADE, 1973, p.795)

O trecho acima reúne dois segmentos sintaticamente autônomos; o limite gráfico é o ponto após 'graxa do porto'. Qualquer relação que se estabeleça entre eles será de natureza discursiva, ao passo que as que se estabelecem no interior de cada um são sintáticas ou discursivas *stricto sensu*. Vejamos as relações sintáticas.

O eixo da organização sintática do primeiro segmento é *compro*, a que se prendem 'eu' – implícito – 'ilha' e 'quando...'. Outros constituintes se prendem a 'quando', 'ilha', 'longe' e 'perto'. Em torno de 'longe', e subordinados ao mesmo constituinte que o tem por base, giram 'não', 'muito' e 'do litoral'; em torno de 'perto', giram igualmente 'nem' e 'tão'.

Vamos representar essa organização por meio de um diagrama simples:

QUANDO ... |eu| COMPRO (uma) ILHA (não) LONGE (nem) PERTO

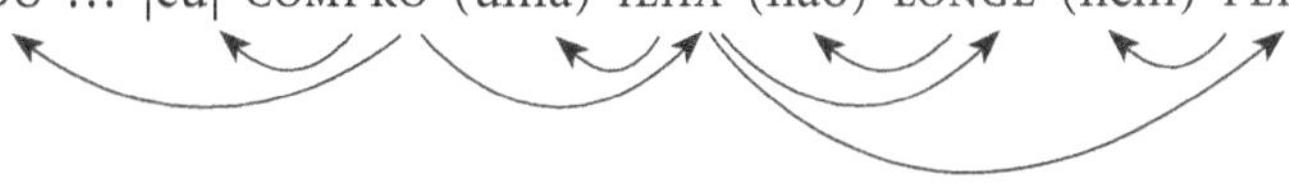

Eixo das relações sintáticas, o verbo controla três dos constituintes acima discriminados, porque cria as condições estruturais para a ocorrência deles (cf.IV.2): sujeito (do verbo), objeto (do verbo), modificador (do verbo). Por sua vez, a base do objeto – ILHA – recebe modificadores.

Pode-se dizer que o verbo rege os três elementos a que vem unido pelas setas e os provê de função. O elemento regente é a base da construção à qual o elemento regido fica subordinado. Por outro lado, 'nem' simultaneamente nega 'perto' e une este advérbio a 'longe', indicando a equivalência funcional entre ambos. Como o 'nem', o 'e' une os dois objetos de 'aspirar': 'a fumaça /e/a graxa do porto'. Este é o fundamento da *coordenação.*

O processo sintático por excelência é, portanto, a *subordinação,* meio que consiste em prover de função as unidades que constituem os sintagmas e os sintagmas que constituem as orações. Na estruturação sintática – por *subordinação* – uma unidade da categoria X posiciona-se sob o domínio de uma unidade da categoria Y. A coordenação consiste em associar duas ou mais unidades do mesmo nível hierárquico, preservando-lhes a natureza ou função. A subordinação é um processo necessariamente intraoracional, ao passo que a coordenação percorre todos os níveis, associando palavras, sintagmas, orações. A coordenação é uma forma de encadeamento, um mecanismo antes discursivo que sintático. Por isso distinguimos a associação discursiva *stricto sensu* – que se dá no domínio da oração – e a associação discursiva *lato sensu* – que se dá além da oração.

b) Subordinação e coordenação

Já observamos (cf. IV.7) que, sendo o verbo o eixo da oração, a ocorrência dos sintagmas que nela desempenham funções centrais – como o sujeito e o objeto – depende da classe sintática desse eixo, como comprovam os verbos das frases abaixo, pertencentes a distintas classes sintáticas:

43. *O ladrão devolveu os documentos à mulher (SN V SN SPrep)*
44. *O ladrão fugiu (SN V)*
45. *O artista era famoso? (SN V SAdj)*
46. *O repórter resumiu a estória (SN V SN)*

Como vimos em IV.2, a oração pertence a um nível mais alto que o dos sintagmas; por isso, os sintagmas que a constituem estão subordinados a ela. No exemplo 46, o SN 'o repórter' e o SV 'resumiu a estória' acham-se subordinados à oração, e o SN 'a estória' acha-se subordinado ao SV. Por outro lado, em

47. O ladrão não devolveu *o dinheiro* nem *os documentos* à mulher
48. O ladrão *levou o dinheiro* mas *deixou as joias*
49. O artista era *famoso* ou *desconhecido?*
50. *O fotógrafo fez as imagens* e *o repórter resumiu a estória*

as unidades *destacadas* pertencem ao mesmo nível (SNs em 47, SVs em 48, SAdjs em 49, e orações em 50) em cada exemplo, razão por que o processo que as associa é o da *coordenação*.

Vejamos agora os exemplos

51. Eis a pedra *que extraíram da mina*
52. Noticiaram *que o navio naufragou*

Os segmentos *destacados* em 51 e 52 equivalem distribucionalmente a sintagmas, como comprovam os exemplos 53 e 54:

53. Eis a pedra *extraída da mina* (SAdj)
54. Noticiaram *o naufrágio do navio* (SN)

Isto é, ocupam na hierarquia gramatical o mesmo lugar dos sintagmas que os substituíram e são outras formas de SAdj e de SN, respectivamente; por isso, também são subordinadas.

Procurou-se formular a distinção subordinação/coordenação em seu aspecto básico e em função de exemplos suficientemente claros e simples. Como muitas distinções feitas a propósito dos fatos das línguas, porém, subordinação e coordenação não correspondem sempre a conceitos claros e inconfundíveis. Tradicionalmente, é comum identificar unidades coordenadas com unidades independentes e unidades subordinadas com unidades dependentes. Esta identificação nada esclarece até que se defina a natureza dessa dependência, que para uns é puramente sintática, mas para outros deve dizer respeito antes ao sentido.

Othon M. Garcia, por exemplo, chama 'falsa coordenação' à que se dá em enunciados como 'O dia estava muito quente e eu fiquei logo exausto'. Observa ele que, no exemplo citado, "só existe coordenação quanto à forma, não quanto ao sentido, pois, na realidade, a partícula 'e' não está aproximando ou concatenando dois fatos independentes: entre 'estar muito quente' e 'ficar logo exausto' existe uma coesão íntima, uma relação de causa e efeito" (Garcia, 1976, p.21). Ainda segundo o autor, "Independência significa autonomia, autonomia não apenas de função, mas também de sentido" (Ibidem, p.19). Embora correto quanto à 'coesão íntima' da 'relação de causa e efeito', o raciocínio de Othon Garcia conduz a muitas confusões, por tornar subjetivos os conceitos de coordenação e subordinação. Com efeito, num enunciado como

55. João arrumava a casa e Maria lavava a louça

a ambiguidade do 'e' permite uma leitura aditiva – em que uma informação simplesmente se acrescenta à outra –, ou uma leitura temporal – correspondente à concomitância daqueles dois fatos. Neste segundo sentido, pode-se usar 'enquanto', conectivo de subordinação, conforme comprova a possibilidade de deslocamento, próprio dos advérbios:

56. João arrumava a casa *enquanto Maria lavava a louça*
57. *Enquanto Maria lavava a louça,* João arrumava a casa

Por outro lado, nem mesmo Othon Garcia haveria de considerar coordenativo o processo que reúne em um só período os segmentos *destacados* em 58

58. *João arrumava a casa* além de *lavar a louça* (cf. 58b – João lavava a louça e ainda arrumava a casa)

a despeito do valor aditivo da locução 'além de '(cf. 58b). Seria a adição um meio de associar informações/fatos independentes? Afinal, não está claro o que pode significar 'independência de sentido' entre informações associadas no discurso.

Afinal, o fato de o mesmo dado real poder ser expresso quer pelo exemplo 55, quer pelo 56 ou 57; quer pelo exemplo 58, quer por 58b, não invalida que neles se reconheçam processos associativos distintos (coordenação em 55 e 58b; subordinação em 56, 57 e 58).

Enquanto conceito gramatical, a distinção entre coordenação e subordinação tem um fundamento formal/funcional, que inclui a posição hierárquica das unidades associadas e o lugar dos instrumentos dessa associação: incorporado ao segmento subordinado – no qual funciona como *transpositor* – ou interposto aos segmentos associados – situação típica dos *coordenantes.*

c) Funções sintáticas

As funções sintáticas – *sujeito, predicado, objeto, predicador, modificador, determinante* – resultam da subordinação das unidades – sintagmas ou vocábulos – que as desempenham. Enquanto a subordinação é um processo criador de funções, a coordenação consiste em conectar unidades da mesma função ou da mesma natureza. Assim, em 'a espuma branca', 'branca' é um modificador, função que recebe da posição que ocupa no SN – o qual integra e ao qual se subordina; mas em 'a espuma é branca', 'branca' é um predicador, função que lhe foi conferida pelo verbo transpositor *ser*. Temos aí duas funções, cada qual devida a um conjunto diferente de mecanismos subordinativos. Por outro lado, em 'a espuma é branca e fina', ou em 'a espuma é branca mas impura', a interposição do 'e' ou do 'mas' em nada alterou a função das unidades associadas por eles.

Tradicionalmente se fala em subordinação do objeto ao verbo ou do adjunto adnominal (determinante ou modificador) ao núcleo substantivo. Na verdade, a relação entre esses elementos é de *regência* e não de subordinação. O verbo 'rege' seu objeto, o substantivo 'rege' seus determinantes e modificadores. Pensamos ser mais conveniente falar em subordinação do objeto, não ao verbo que o rege, mas ao conjunto a que verbo e objeto pertencem: o SV predicado. Com efeito, o verbo transitivo (ou intransitivo) não é o predicado – função exercida pelo SV – mas um constituinte dele, seu núcleo, e o objeto outro constituinte, porém subordinado. Também consideramos impróprio considerar o predicado uma função subordinada ao sujeito, o que insinua, falsamente, que sujeito e predicado se acham em relação hierárquica. A concordância verbo-sujeito, segundo a qual este comunica àquele suas categorias gramaticais de número e pessoa, é um meio de exprimir coesão textual, e não um indicador de hierarquia ou subordinação. A concordância com o sujeito não é uma prova de que o predicado lhe está subordinado, mesmo porque há exemplos de concordância do verbo com o objeto ('admiram-se os escritores', 'fazem dois meses') ou com o predicador ('tudo são flores', 'eram duas horas').

Como só faz sentido identificar um termo como subordinado relativamente à unidade mais alta integrada por ele, e como há orações providas tão só de predicado – as chamadas 'orações sem sujeito' preferimos apreender as funções de sujeito e predicado relativamente ao todo de que fazem parte: a oração. Este critério desfará, ainda, a contradição da gramática tradicional, que após identificar o sujeito como o termo subordinante, chama subordinada à oração que faz o papel de sujeito. Nosso ponto de vista é que sujeito é uma função adquirida por um SN – simples ou resultante de transposição – graças à relação que se dá entre esse SN e a oração, relação esta que, nas variedades formais da língua, o torna substituível por ele/ela/eles/elas ou representável por eu/tu/nós/vós, em contraste com o/a/os/as e me/te/nos/vos, próprios da função objetiva.

Isto é, o sujeito e o predicado são termos subordinados à oração, assim como a oração subjetiva é subordinada à oração mais alta, de que participa como sujeito[2].

[2] O hábito de chamar 'reto' ao pronome que desempenha o papel de sujeito, e 'oblíquo' ao que desempenha o papel de complemento trai a suposição de que só este último é subordinado. Ora, os dois são subordinados, e esta condição se manifesta por meios diversos nas línguas: nominativo/acusativo, reto/oblíquo. A escolha do nominativo, por exemplo, como forma representativa do nome em latim, para fins de dicionarização e referência nas gramáticas, é tão arbitrária quanto a escolha de qualquer outro caso. O mesmo ocorre com a escolha do infinitivo para representar a classe do verbo. Nenhuma dessas formas é sintaticamente neutra ou independente.

V. A ESTRUTURA SINTAGMÁTICA DO PORTUGUÊS

1. O sintagma nominal (SN)

O SN comporta necessariamente um núcleo que, sendo um substantivo comum, poderá vir precedido de determinantes e precedido ou seguido de modificadores.

59. *A grande* *quantidade* *de prata* *que havia naquelas terras*
det. modo subst. mod. mod.
60. *Muitas* *outras* *casas* *antigas* *de veraneio* *que tinham sido tombadas*
det. det. subst. mod. mod. mod.
61. *Carlos,* *irmão de Pedro,* casou com *a irmã de Lúcia,* *Vilma*
SN base SN mod. SN base SN mod.

a) Estrutura interna do SN

A) Determinantes

O grupo dos determinantes é formado pelas classes tradicionalmente chamadas *artigo definido*, *pronome demonstrativo* (subclasses dos IDENTIFICADORES (Id)), *pronome possessivo* (POSSESSIVO (Poss)), *pronome indefinido* de valor quantitativo (INDEFINIDO (Ind)), *numerais cardinais*, *pronome indefinido* de outro tipo, como *outro, demais, mesmo* e *próprio* (aqui reunidos sob o rótulo REFERENCIADORES (Ref) e o relativo *cujo* (Rel).

• *Os identificadores (Id)*

Todos os identificadores concordam em gênero e número com o núcleo do SN que integram. O 'artigo definido' serve para determinar um nome cujo referente se pressupõe dado ou conhecido para o interlocutor – daí sua natureza dêitica – ou que já tenha sido mencionado ou referido no contexto do discurso – daí seu papel anafórico ou textual. Observe-se a ocorrência do artigo no seguinte trecho:

> O radialista Nelson Rubens, conhecido por atazanar a vida dos calouros no programa Sílvio Santos, resolveu fazer no meio da semana uma brincadeira com os prezados ouvintes da Rádio Capital, de São Paulo. No começo do seu programa diário, anunciou que o ministro Bresser Pereira pedira demissão, e que o pedido fora aceito pelo presidente. A notícia correu velozmente e a coisa ficou feia. Políticos se agitaram, candidatos ao ministério garimparam telefones de possíveis padrinhos e, em outro mais sério efeito da boataria, despencaram as cotações da Bolsa de Valores. (*Jornal do Brasil,* 28.06.87)

O 'o' tem papel anafórico em *o pedido, a notícia, o ministério, a boataria,* uma vez que estes substantivos remetem para informações contidas no próprio texto. Todas as demais ocorrências do 'o' têm papel dêitico, pois se empregam mediante o pressuposto de que o leitor tem prévio conhecimento dos referentes daqueles substantivos.

Do ponto de vista sintático, O artigo se pospõe a 'todo' e 'ambos' (que são quantificadores) e se antepõe a todos os determinantes. Enquanto quantificadores, 'todo' e 'ambos' são núcleos de SN. O artigo é incompatível com os demonstrativos que formam uma subclasse dos identificadores e com os indefinidos 'algum', 'nenhum', 'cada', 'tanto' e 'quanto'.

Os demonstrativos, como o artigo, têm função anafórica ou dêitica. No papel dêitico, servem para situar o referente do substantivo, que determinam, no tempo, no espaço ou no assunto tratado pelos interlocutores ('esta noite' é a noite em que se fala; 'essa noite' é a noite de que se fala, localizada no assunto; 'aquela noite' é a noite a que se fez referência, localizada em época remota; 'este livro' pode ser o que está junto ao interlocutor; 'esse livro' é o que está próximo do locutor; 'aquele livro' é o que está distante de ambos).

Na língua escrita ainda há um certo empenho em manter distintas as formas *este/esse*; na fala, esta oposição tende a ser substituída por formas compostas: *esse aqui/esse aí.* E em nome da simetria cria-se a forma *aquele lá/ali.* Em função anafórica, *este/esse* pospõem-se ao substantivo usado como aposto em certas construções, 'O ministro resolveu escrever uma carta de demissão, *essa* que jamais entregou ao presidente'.

• *Os possessivos (Poss)*

Os possessivos se colocam após o artigo ou o demonstrativo (identificadores) (esse/o *seu* irmão é mesmo louco). Pospõem-se ao substantivo nas referências indefinidas (ele pediu emprestado um livro *meu* que nunca mais vi; filha *minha* não posa para essas revistas).

• *Os referenciadores (Ref)*

São eles *outro, demais, próprio* e *mesmo.* Concordam em gênero e número com o nome que determinam, com exceção de 'demais', invariável. *Outro* pode vir precedido de identificador (o outro filme/esse outro filme), de indefinido (algum outro filme/qualquer outro filme) ou de numeral (dois outros filmes). *Demais,* invariável, somente determina nomes no plural e pode vir precedido do artigo (os demais companheiros). *Próprio* vem obrigatoriamente precedido de artigo (o *próprio* ladrão teve pena da velhinha). *Mesmo* vem precedido de artigo ou de demonstrativo (o/este *mesmo* lugar)

• *O relativo cujo*

Vem imediatamente seguido do nome que determina e com o qual concorda em gênero e número (o pássaro *cujo* peito é vermelho, a cidade *cujas* igrejas são barrocas).

• *Os indefinidos (Ind)*

Todo. Como determinante, *todo* varia apenas em gênero e se coloca imediatamente antes do nome (todo homem é mortal, o ônibus passa por aqui toda hora).

Muito, pouco, bastante, tanto, quanto, mais, vários (sempre no plural) e *cada.* Como determinantes, vêm imediatamente antes do núcleo do SN e com ele concordam em gênero e número – exceto *bastante* e *cada,* invariáveis (muita gente, poucos amigos, tantas notícias, quantos pássaros, bastante leite, bastante gente, cada candidato/a).

Qualquer, algum, nenhum, um. Concordam em gênero e número – exceto *qualquer,* que só varia em número – com o núcleo do SN (qualquer amigo/a, quaisquer amigos/as, algum parente, algumas pessoas, nenhuma notícia, um amigo, uns amigos). Podem vir pospostos – exceto *um* – ao núcleo do SN (livro algum/livro nenhum – posição que neutraliza a oposição algum/nenhum – um livro qualquer). Podem vir seguidos do referenciador *outro* (um/ algum/qualquer outro livro) *Uns*, no plural, pode preceder *poucos, tantos, quantos* e os *numerais cardinais* (uns poucos amigos, umas quantas desilusões, uns dez quilômetros).

Qualquer e *cada* introduzem os Ind *um/uma* e *qual* usados como núcleos do SN (cada um, qualquer uma, cada qual).

B) O modificador

A posição de modificador do SN pode ser ocupada por SAdj, por SPrep ou SAdv. Certos SPreps que tendem a se cristalizar como vocábulos compostos (ou locuções) podem ser introduzidos por indefinido/quantificador invariável (sem-vergonha/muito sem-vergonha, depressa/tão depressa). A descrição dos modificadores será detalhada em V.3. A apresentação que se segue é, por isso, sumária.

• *O sintagma adjetivo (SAdj)*

Há SAdjs que se colocam antes do núcleo ou após ele; outros vêm sempre após o núcleo ('os carros *antigos* da coleção/ os *antigos* carros da coleção'). Só a segunda construção equivale a 'coleção de carros antigos', pois na primeira a coleção pode reunir carros novos também. Esta mobilidade é comum entre adjetivos que admitem gradação (os carros muito antigos/ os antigos carros; *os feriados muito nacionais/ *os nacionais feriados). Se o SN vem determinado por identificador, esses adjetivos, antepostos (cf. 'antigos'), perdem o caráter restritivo e passam a qualificar todos os elementos do conjunto (ver acima o efeito da posição de 'antigos').

Sendo variável, o núcleo do SAdj concorda em gênero com o núcleo do SN.

• *O sintagma preposicionado (SPrep)*

O modificador cujo núcleo seja um SPrep coloca-se obrigatoriamente após o núcleo do SN, geralmente após o SAdj (as habitações antigas *dos romanos*. Menos natural: as habitações *dos romanos* antigas). Se, entretanto, o SAdj vem determinado por indefinido/quantificador, a ordem SPrep-SAdj é igualmente natural (as habitações dos romanos mais antigas). O mesmo se pode dizer das construções cujo SPrep é formado de prep. + nome (as casas de veraneio antigas, os chapéus de palha novos).

• *O sintagma adverbial (SAdv)*

Sintagmas adverbiais sob a forma de *advérbios, gerúndios* e até *orações transpostas* podem servir de modificadores de SN (esse passeio *tão tarde* pode ser perigoso, um café *assim* dá gosto beber). Ver ainda

62. "Paulo separou o torete carnudo e *pingando* sangue." (Palmério, 1976, p.31)
63. "O chefe do trem que apareceu repicotando os bilhetes, lembrou-me a figura do capitão Nemo quando seu submarino emergira das sufocações do Polo Sul." (Nava, 1973a, p.184)

Observe-se que 'pingando', gerúndio, vem coordenado a 'carnudo', adjetivo, ambos modificadores de 'torete'. Por sua vez, o SAdv 'quando seu submarino emergira das sufocações do Polo Sul', que é uma oração transposta, modifica, não o verbo 'lembrou-me' – o que não faz sentido – mas o SN 'a figura do capitão Nemo'.

Neste último exemplo o modificador se refere, não ao núcleo, mas a todo o SN. Trata-se de *um modificador aposto*, diferente dos outros que, integrando o SN, lhe servem de *adjunto*.

b) Pronomes como SN

A) Pessoais, possessivos e identificadores

A classe dos tradicionalmente chamados pronomes pessoais é a única que apresenta formas distintas para três grupos de funções: (a) os *retos* (eu, tu, ele/ela, você, nós, vocês, vós, eles/elas), (b) os *oblíquos átonos* (me, te, o/a, lhe, se, nos, vos, os/as, lhes) e (c) os *oblíquos tônicos* (mim, ti, si, conosco, convosco, consigo, contigo, comigo). O grupo (a) serve às funções de sujeito e de predicador; o grupo (b) às funções adverbiais de objeto e modificador; o grupo (c) à função de objeto preposicional (isto é, 'objeto ou complemento de uma preposição'). As formas ele/ela/eles/elas/nós/vós servem, no registro formal, tanto às funções de (a) como de (c). No registro informal, ele/ela/eles/elas cumprem os papéis sintáticos dos três grupos. Há uma forma neutra do pronome pessoal, /o/, que se emprega em dois contextos: como unidade anafórica, substituindo oração (Perguntei-lhe se gostaria de nos acompanhar, mas ele não *o* quis), e como núcleo de SN modificado por oração adjetiva (Não entendi *o* que ele disse).

São também núcleos de SN os demonstrativos (identificadores) *isto, isso* e *aquilo* e alguns possessivos em usos estereotipados ('como vão os *seus?*', isto é, 'os seus familiares'; 'o meu está garantido', isto é, 'o meu sustento', 'a minha parte').

B) Indefinidos

São eles *alguém, ninguém, nada, tudo, algo, um* (precedido de *cada* ou *qualquer*) e *qual* (precedido de *cada*) (ele comeu *tudo, nada* lhe agrada, não conheço *ninguém, algo* está errado, *alguém* abriu a porta, cada *qual* levou sua roupa, qualquer *um* pode cuidar de si).

Os indefinidos que designam *parte,* geralmente empregados como determinantes, podem funcionar como núcleo sintático de um SN modificado por SPrep. Neste caso, o SN contido no SPrep designa a totalidade e o N ou Pronome que aí ocorre é interpretado como co-referencial ao SN mais alto. Daí a possibilidade de estruturas mais frequentes como 'muitas dessas casas' ao lado da menos frequente 'muitas casas dessas' (*muitos desses carros* foram roubados, ela perdeu *um dos brincos,* ainda não li *nenhum dos romances* dele, *qualquer dessas roupas* me serve, *qual das cores* você prefere?, *vários de nós* estudávamos na mesma turma).

C) Quantificadores

São eles *todo/a/os/as* e *ambos.* São SNs que podem vir antepostos a outro SN (*toda* ela, *todos* nós, *ambas* as mulheres, *todo* esse trabalho), a que servem de modificador aposto. Daí a possibilidade das construções 'todos os passageiros se salvaram'/ 'os passageiros todos se salvaram'/ 'os passageiros se salvaram todos'; 'ambas essas palavras são escritas com *x*' / 'essas palavras são ambas escritas com *x*'. Também modificador aposto é a função de *todo* em 'as roupas estão todas molhadas', 'o chão está todo seco', que a alguns gramáticos tem parecido um 'advérbio de intensidade' variável.

D) Referenciadores (Ref)

Outros, como núcleo de um SN, vem sempre precedido de *os,* substituindo a forma desusada 'outrem' (Não faças a *outrem* o que não queres que te façam/não faça *aos outros* ...).

Os indefinidos *quem* e *qual* se empregam como transpositores (ver adiante).

Alguns indefinidos e os pronomes pessoais em geral podem vir modificados por SAdj ou por SPrep (*alguém* mais experiente; *o* que disseram; *nada* de mau; *eu* que o conheci; por *ti,* que és meu amigo, "Menino dessa idade tem lá pecado? Ai! de *mim* que os tinha e negros" (NAVA, 1973b, p.192-3)).

c) SN e transposição

(a) Por meio de *que/se*

64. Queriam *que ela permanecesse na presidência*
65. Verifique *se eles já chegaram*
66. É possível *que eles venham*

(b) Por meio de *pronome/advérbio interrogativo*

67. Ignoro *quanto custa esse livro*
68. Imagine *qual será a sua recompensa*

(c) Por meio de *pronome indefinido*

69. "Está provado: *quem espera* nunca alcança." (CHICO BUARQUE)
70. "Sempre à esquerda de *quem olhava o fundo da livraria,* havia um intervalo entre estantes para um grupo de vime." (NAVA, 1973a, p.204)

(d) Por meio de *determinantes*

71. Ela disse *um sim* sem convicção
72. "Pior era quando ela recusava com o sofisma *do 'tá passando'*." (Nava, 1973b, p.240)
73. "Com isto a dor crescia de intensidade e ecoavam mais alto *os perdoa! perdoa!* dos pobres negros." (Nava, 1973b, p.135)
74. Esse é *o segundo boa-noite* que ela me dá
75. "O autor é viajeiro, conhece um bocado da América, porém o *muito peregrinar* não o livra de tais inquietações." (Andrade, 1973, p.830)

(e) Por meio do afixo *-r* (infinitivo)

76. *Viver* é *lutar*
77. Ela quer *sair*
78. Comecem a *pular*
79. Deixem-no *falar* o que quer

d) SNs formados de nome partitivo ou quantitativo em geral

Nomes como *parte, porção, resto, maioria, minoria, quantidade, metade, bocado, milhão, centena, dezena, quinto, punhado, metro, gota, légua, alqueire,* e tantos outros que indicam quantidade metonimicamente como *copo, pá, balde, caminhão, caixa,* servem de núcleo a SNs modificados por *SPreps* geralmente introduzidos por *de* (uma parte do leite, duas porções de batatas, o resto da comida, a maioria das pessoas, a metade da maçã, vários bocados de queijo, um milhão de gafanhotos, dois quintos do bolo, quatro metros de pano, algumas gotas de remédio, duas pás de cal, dois baldes d'água, duas caixas de laranjas, um copo de açúcar).

e) Funções sintáticas exercidas por SN

O SN pode ser *sujeito*

80. "Desde muito me vinha preocupando o *problema da minha estatura. Os anos* passavam e para cima *eu* não ia." (Machado, 1976, p.113)
81. "*Escrever à noite* se fez suplício para mim." (Campos, 1966, p.127)

82. "Não será de surpreender, pois, *que* o *traço liberal venha associado à ideia de 'reforma'*..." (MOTA, 1982, p.110)
83. "Habituava-se a vê-la passar com aquele jeito de *quem* se reserva para alguém." (MACHADO, 1976, p.161)
84. "Não falta *quem conjugue o ideal poético* e *o ideal político* ..." (ASSIS, 1962, p.811)

O SN pode ser *objeto*

85. "Jamais em minha vida achei na rua ou em qualquer parte do globo *um objeto qualquer.* Há *pessoas* que acham *carteiras, joias, promissórias, animais de luxo,* e sei de um polonês que achou *um piano* na praia do Leblon, inspirando o *conto de Aníbal Machado.* Mas este escriba, *nada*: nem *um botão.*" (ANDRADE, 1973, p.999)
86. "Já disse *que sou engenheiro e construtor de pontes.*" (MACHADO, 1976, p.15)
87. "Antes de mais nada, é preciso descobrir *onde há um café aberto.*" (BRAGA, 1964, p.39)
88. "O dia amanheceu como os outros, só que às nove horas ouviu-se *o estrondo e o cascalhar argentino de vidros se partindo.*" (NAVA, 1973a, p.73)
89. "Já andei, certa vez, planejando *estudar ornitologia.*" (MORAIS, 1986, p.531)
90. "Manteve-se equidistante dos partidos e foi isto que ... permitiu-lhe *salvar um dia a vida do velho soba cearense.*" (NAVA, 1973b, p.81)

O SN pode ser *predicador*

91. "Quando se é *um estrategista,* busca-se construir um quadro das províncias que caíram nas mãos do inimigo ..." (GABEIRA, 1981, p.138)
92. "Aquilo foram *dias de balbúrdia.*" (NAVA, 1973a, p.77)
93. "É *noite de Natal.*" (BRAGA, 1963, p.124)
94. "A conclusão é *que nem todas as palavras têm* o *mesmo eco em todas as cabeças.*" (ASSIS, 1962, p.752)

O SN pode ser *modificador nominal aposto*

95. "A terra, *credor que não perdoa,* e apenas reformará algumas letras, veio pedir-lhe a restituição do empréstimo." (ASSIS, 1962, p.759)
96. "Pensei que ela fosse passar me dando apenas um adeus, *esse 'bom dia' que no interior a gente dá a quem encontra.*" (BRAGA, 1963, p.149)

Em virtude de *topicalização,* um SN aposto pode vir à esquerda da oração a que pertence. Em 97, o aposto é antecipado como um dado conhecido e funciona como 'tópico' de todo o enunciado (cf. VII.2b); em 98, o aposto tem valor causal relativamente ao predicado.

97. "*Que o homem apaixonado é um doente,* disso não nos ficou a menor dúvida." (Morais, 1986, p.618)
98. "*Viúva moça, olhos rasgados, dona de terra, de negros, de dinheiro na canastra* – a Inhá Luísa começou logo a ser rondada." (Nava, 1973b, p.164).

O SN pode ser *modificador verbal*

99. "Voltou para a cama e só conseguiu adormecer *madrugada alta.*" (Veríssimo, 1975, p.73)
100. "Pesava *1.500 quilos,* e chegaria a pesar *4.000,* se vivesse." (Andrade, 1973, p.966)
101. "Um dia começou a guerra do Paraguai, e durou *cinco anos.*" (Assis, 1962, p.770-1)
102. "... lá dentro se pode imaginar uma cabana, um subterrâneo; mede *uns quatro metros ...*" (Andrade, 1973, p.966)
103. "A terra, credor que não perdoa, e apenas reformará algumas letras, veio *pedir-lhe a restituição do empréstimo.*" (Assis, 1962, p.759)
104. "Vivaldino deixa-se *cair pesadamente numa poltrona forrada de veludo.*" (Veríssimo, 1975, p.269)
105. "Sentia-me *um cavalo cego.*" (Braga, 1963, p.37)
106. "Venho, há meses, observando-os *trabalhar, erguer a sólida estrutura de oito pisos ...*" (Morais, 1986, p.602)

O lugar do modificador verbal é sob o domínio do SV. Tratando-se de SN, como nos exemplos 99-106, o modificador acompanha verbos intransitivos (exemplos 99-103) ou verbos transitivos integrados pelo objeto (exemplos 104-106).

O SN pode ser *modificador oracional aposto*

Ocorre geralmente após a oração. Eventualmente vem intercalado a ela. Anteposto à oração, é próprio do uso apelativo da imprensa falada ou dos anúncios.

107. Eles fugiram para o exterior, o *que desapontou a polícia* (posposto)

108. Carlos refugiou-se na cozinha, onde – *constrangedora coincidência* – deparou com Olívia (intercalado)
109. *Um recorde sensacional*: Pedro Nunes, amazonense de 28 anos, conseguiu beber, num período de 2 horas, nada menos que 20 litros de chopp (anteposto)
110. "Nesse momento de descolonização parecem postiços – *falsa consciência* – os valores dos grandes proprietários na boca dos ex-escravos." (intercalado) (Mota, 1982, p.151)
111. "Já passei ano só, em terra estranha, ou *o que* é *mais amargo*, na minha." (intercalado) (Braga, 1963, p.127)

A forma mais comum desse tipo de aposto é a exemplificada em 107 e em 111 (um 'o' seguido de oração adjetiva). Também é comum o uso dos substantivos 'fato' e 'coisa' no lugar do 'o'.

107b. Eles fugiram para o exterior, *fato que desapontou a polícia*
112. "... Os proprietários às vezes transigem com eles, *coisa que nenhum poderia decentemente fazer com um ladrão de cavalos.*" (Ramos, 1981, p.130)

Outros nomes, sempre sem qualquer determinante, aí se empregam como que reiterando a modalidade (cf. VII.1a) da oração.

113. Os metalúrgicos resolveram entrar em greve, *decisão que apanhou* o *ministro de surpresa* (Observar a relação de sentido entre 'resolveram' e o nome 'decisão', que o reitera no aposto)
114. Eles acreditavam que o sol girava em torno da Terra, *hipótese que estava superada desde Galileu* (Idem entre 'acreditavam' e 'hipótese')

A função discursiva desse tipo de aposto é, em qualquer caso, exprimir um comentário do enunciador sobre o conteúdo proposicional da oração. Ele guarda, assim, grande afinidade com outras construções em que o comentário constitui uma oração independente.

115. "Em suma – e é *o principal defeito que lhe acho* –, este projeto afirma de um modo estupendo a onipotência do Estado." (Assis, 1962, p.503)
116. "Como se sabe, o Governo Provisório prometeu alforriar os escravos que viessem voluntariamente alistar-se como soldados – em atitude revolucionária radical –, *e tal 'medida foi considerada pelo Monsenhor não pouco perigosa'*." (Mota, 1982, p.264)

Note-se que essas orações independentes poderiam dar lugar aos apostos 'principal defeito que lhe acho' e 'medida que foi considerada pelo Monsenhor "não pouco perigosa".'

Em qualquer dessas construções o segmento (aposto ou oração independente) que encerra o comentário assume este papel graças ao recurso da *focalização* (cf.VII.1b e VII.1c). No exemplo abaixo, forjado sobre o de Machado de Assis, aquelas informações já não vêm sob a forma de oração e comentário, mas hierarquizadas sintaticamente.

117. O principal defeito que acho neste projeto é ele afirmar de um modo estupendo a onipotência do Estado.

f) As 'orações substantivas'

A gramática tradicional chama 'orações substantivas' às estruturas do SN constituídas, geralmente, pelos transpositores *que* e *se* e uma oração. Já se vê que não é a oração, mas o SN por ela integrado, que desempenha as funções de *sujeito, objeto* etc. A oração não exerce qualquer função, e só cabe a classificação 'substantivas' às orações que, introduzidas por pronomes indefinidos ou advérbios interrogativos (cf.V.1c) ocupem a posição de um SN, pois esses transpositores integram as orações que introduzem.

118. Até agora não está decidido *quem ocupará a presidência* (sujeito)
119. Perguntaram-lhe *quantas vezes ele tinha* se *casado* (objeto)
120. Minha dúvida era *quanto gastaríamos na viagem* (predicador)
121. Só estavam investigando uma coisa: *onde ele tinha conseguido tanto dinheiro para a campanha* (aposto)

Nestes exemplos, *quem*, *quantas*, *quanto* e *onde* têm o duplo papel de sintagmas constituintes das orações que iniciam e de transpositores, ao passo que nos exemplos abaixo o transpositor está fora da oração.

122. Estava claro *que ele não desistiria da candidatura*
123. O presidente declarou *que não reformaria o ministério sob pressão*
124. Não sabíamos *se ele desistiria da candidatura*

Os gramáticos chamam de 'conectivo' (conjunção subordinativa integrante) o *que* e o *se* dos exemplos 122-124, e negam natureza conectiva às formas *quem*, *quantas*, *quanto* e *onde* dos outros exemplos. Como dissemos, estas unidades têm dupla natureza e, a exemplo de *que* e *se*, servem, no discurso indireto, para transpor as construções que encabeçam à classe de SN. Só assim essas construções se tornam aptas a desempenhar as funções sintáticas próprias do SN ou eventualmente exercidas por SN: sujeito e objeto (próprias), aposto e predicador (eventuais).

Os constituintes a que a gramática tradicional atribui as funções supostamente nominais (ou substantivas) de *objeto indireto, complemento relativo, agente da passiva, complemento nominal* e *adjunto adnominal*, são, em geral, sintagmas preposicionados que funcionam como modificadores. Em V.3b trataremos das funções do SPrep. Seguem-se os exemplos, tomados à língua escrita, das várias funções dos SNs que contêm orações.

A) Sujeito

125. "Não admira, assim, *que fossem eles praticamente os únicos verdadeiros 'cidadãos' na colônia.*" (Hollanda, 1976, p.58)
126. "Na monarquia eram ainda os fazendeiros escravocratas e eram filhos de fazendeiros, educados nas profissões liberais, *quem monopolizava a política.*" (Hollanda, 1976, p.41)
127. "Parecia *que davam juntos o mesmo salto no tempo.*" (Machado, 1976, p.54)
128. "... é compreensível *que nem sempre as manifestações escritas fossem claras* e *precisas ...*" (Mota, 1982, p.189)
129. "Que importa a uma grande cidade *que haja um apartamento fechado* em *alguns de seus milhares de edifícios?*" (Braga, 1963, p.177)

B) Objeto

130. "Finalmente, afirmei *que a tortura era um símbolo ambivalente de força* e *declínio.*" (Gabeira, 1981, p.179)
131. "Por aí se observa *que a ilha mais paradisíaca pede regulamentação.*" (Andrade, 1973, p.797)
132. "... resolvemos deixar *que o pão e o leite ficassem lá fora.*" (Braga, 1963, p.176)
133. "Ignora-se até hoje *quem fosse o mameluco informante.*" (Hollanda, 1977, p.44)

134. "Acho que depois nunca nos lembramos dessa tarde – e não sei *por que ela me voltou à memória outro dia.*" (Braga, 1963, p.57)
135. "Não será difícil compreender *por que a contrarrevolução adotou muitos dos princípios revolucionários.*" (Mota, 1982, p.165)

C) Predicador

136. "O certo é *que ... aviva-se paralelamente, na corte de Lisboa, o interesse pelos destinos da Terra de Santa Cruz.*" (Hollanda, 1977, p.89)
137. "... o primeiro ensinamento a tirar das comemorações é *que a média de vida não tem aumentado muito com as maravilhas da bioquímica.*" (Andrade, 1973, p.805)
138. "A conclusão é *que nem todas as palavras têm o mesmo eco em todas as cabeças.*" (Assis, 1962, p.752)

D) Modificador aposto

139. "A mim, contaram-me o seguinte: *que um grupo de bons e velhos sábios ... começaram a reunir-se todas as noites para olhar a lua.*" (Morais, 1986, p.520)
140. "Enfim, senhor, eu sei tudo; *que não tenho direito a nada, que não valho nada, não sou nada.*" (Braga, 1963, p.81)
141. "Com uma habilidade que o Prof. Libindo não pode deixar de comparar mentalmente com a de Demóstenes..., Barcelona passa dos assuntos sexuais para outros aspectos do submundo de Antares: *quem fuma maconha, quem tem o vício da morfina, que farmacêutico vende entorpecentes sem receita.*" (Veríssimo, 1975, p.346)

Nos exemplos 125-129, o predicado geralmente exprime uma atitude do enunciador em relação ao conteúdo da oração integrada ao SN, e costuma apresentar uma de duas estruturas: verbo + SAdj (*ser possível, estar claro, parecer incrível)* ou verbo simples (*convir, bastar, constar, parecer, importar, admirar* – causar admiração – *ocorrer, acontecer* etc.). Nas estruturas verbo + SAdj pode ocorrer a supressão do verbo:

142. "Claro *que esse espírito* se *manifestou na arte*, e não na política." (Andrade, 1973, p.827)

Sobressai aí o caráter modalizador do adjetivo 'claro', meio que tem o enunciador para exprimir seu ponto de vista sobre o conteúdo da oração contida no SN. Às vezes a expressão modalizadora vem representada por um advérbio (*talvez, certamente, ainda bem*).

E) As orações substantivas e a interrogação

Em sua função interpessoal[1], o discurso contém um sem-número de construções gramaticalmente 'incompletas' ou dependentes, mas que subsistem como unidades textuais (frases): *vocativos* em geral, perguntas como 'E agora, José', ordens enunciadas no infinitivo e no gerúndio (Atacar!, Correndo!...) ou resumidas em um sintagma (Fogo!, Silêncio!, Depressa!), comentários diversos (Cafajeste!..., Perfeito!, Que azar!...).

É uma propriedade do discurso direto dar acolhida a essas construções cuja 'incompletude' gramatical é compensada e preenchida pelos variadíssimos recursos da entoação. Somente por isso, aliás, se explica que construções como 'E se o mundo acabar amanhã?!', incapazes de ocorrerem isoladas no discurso indireto, podem ser unidades de comunicação no discurso direto. Entre tais construções se situam as frases interrogativas constituídas de um pronome ou advérbio sobre o qual incide o foco da pergunta.

São as 'interrogativas de instanciação', que, assim como as 'interrogativas globais' (Mateus et alii, 1983, p.360-73), podem figurar no discurso indireto ocupando a posição de um SN constituído de oração – 'oração substantiva interrogativa indireta', segundo alguns gramáticos. Enquanto as 'interrogativas globais' são introduzidas pelo transpositor 'SE', de valor dubitativo, as 'de instanciação' o são pelo pronome/advérbio sobre o qual incide a pergunta.

---

[1] Entende-se por função interpessoal a que "define os papéis que as pessoas podem assumir em situações nas quais estejam comunicando-se" (Halliday, 1976, p.154). Cf. VII.1a: a *modalidade*.

DISCURSO DIRETO	DISCURSO INDIRETO
143. Quantos m^2 mede este terreno?	143b. Digam-me *quantos* m^2 mede este terreno.
144. Este terreno mede mais de $600m^2$?	144b. Digam-me *se* este terreno mede mais de $600m^2$.
145. A água dessa lagoa é doce ou salgada?	145b. Quero saber *se* a água dessa lagoa é doce ou salgada.
146. Como se põe esse carro em movimento?	146b. Perguntei *como* se põe esse carro em movimento.
147. Quem descobriu a América?	147b. Ela quer saber *quem* descobriu a América.

As frases 143, 146 e 147 são interrogativas de instanciação; 144 e 145 são interrogativas globais.

Funcionando no discurso indireto como transpositores, esses pronomes e advérbios interrogativos ocupam obrigatoriamente a primeira posição na estrutura da oração subordinada. No discurso direto, porém, essa posição é bastante flexível.

DISCURSO DIRETO	DISCURSO INDIRETO
148. *Onde* você almoça aos domingos?	149. Diga-me *onde* você almoça aos domingos.
148b. Você almoça *onde* aos domingos?	149b. *Diga-me você almoça *onde* aos domingos.
148c. Aos domingos você almoça *onde?*	149c. *Diga-me aos domingos você almoça *onde.*

2. O sintagma verbal (SV)

O SV, que é o constituinte caracterizado pela presença obrigatória de verbo, desempenha privativa e exclusivamente a função de *predicado* – único constituinte fundamental da oração. Por isso, da classe sintática do verbo dependem as diversas estruturas do predicado e, por extensão, da própria oração.

a) A predicação verbal

Os verbos pertencem a duas classes sintáticas principais: a dos *predicadores* e a dos *transpositores*. Os predicadores são núcleos do predicado; os transpositores introduzem outros constituintes (SAdj, SPrep, SN, SAdv, Particípio), que assim podem funcionar como predicadores. Apenas os verbos *ter/haver*, seguidos de particípio, e *ser* são transpositores.

A) Os verbos predicadores

Os verbos destacados abaixo apresentam, em cada grupo, características combinatórias peculiares, geralmente utilizadas para enquadrá-los em diferentes classes sintáticas. Vamos compará-los.

150a. As folhas *caem* no outono
150b. Uma flor *nasceu* na rua
150c. O gato está *morrendo*
151a. Esse menino não *come* desde ontem
151b. *Escrevi* durante a noite
151c. Nessa escuridão não consigo *enxergar*
152a. Esse tecido *encolhe* após a lavagem
152b. A roupa *secou* rapidamente
152c. O sorvete vai *derreter*
153a. Lúcia *visitava* seus amigos
153b. Ana *resumiu* a estória
153c. A polícia *interditou* a ponte
154a. O porteiro *impediu* o mendigo de entrar na boate
154b. O guarda *obrigou* o motorista a entregar-lhe os documentos
154c. Ana *dissuadiu* seu irmão de trancar a matrícula
155a. O carteiro *entregou* a correspondência ao porteiro
155b. Ana Maria *ofereceu* um almoço aos seus colegas
155c. João *recebeu* uma carta de seus pais
156a. Seu discurso me *empolgou*
156b. Esse esporte não me *interessa*
156c. O Congresso *decepcionou* o povo

Os verbos do grupo 150 se constroem obrigatoriamente com *sujeito*, mas dispensam o sintagma preposicionado, de valor circunstancial.

Os verbos do grupo 151 também dispensam o sintagma preposicionado, mas admitem facultativamente um sintagma nominal *objeto* (por exemplo: *carne, duas cartas, o caminho*). Os verbos do grupo 152 se constroem com um SN que tanto pode ser seu sujeito (como nos exemplos) quanto seu objeto (cf. 152d – A lavagem encolheu o tecido; 152e – O vento secou a roupa; 152f – O calor vai derreter o sorvete). Os verbos do grupo 153 vêm obrigatoriamente seguidos de SN, diferentemente, portanto, dos do grupo 151, cujo SN objeto é opcional. No grupo 154, o SN que serve de objeto vem seguido de SPrep que pode conter um infinitivo. Também no grupo 155 o verbo vem seguido de SN e SPrep, que todavia, comparado ao SPrep do grupo 154, exibe duas peculiaridades: pode preceder o SN e não pode ser integrado por infinitivo (cf. 155d – O carteiro entregou ao porteiro a correspondência; 155e – Ana ofereceu-lhes um almoço; 155f – João recebeu de seus pais uma carta). Finalmente, os verbos do grupo 156 admitem um reordenamento dos constituintes (cf. 156d – Empolguei-me com seu discurso; 156e – Não me interesso por esse esporte; 156f – O povo decepcionou-se com o Congresso). Algumas outras classes podem ser estabelecidas. Este conjunto é apenas exemplificativo.

O conjunto de peculiaridades sintáticas características de cada uma dessas classes constitui a *predicação* de seus verbos. Os sete tipos exemplificados acima se distribuem tradicionalmente por dois grupos: o dos verbos transitivos (153-156) e o dos verbos intransitivos (150-152). Este critério permite colocar em grupos rigidamente distintos os verbos de 150 e 153, mas não deixa clara a situação dos verbos de 151 e 152, aparentemente pertencentes aos dois grupos.

B) Os verbos transpositores

Chamamos transpositores aos verbos *ser, ter* e *haver* nas construções já referidas, porque aí o único papel deles é servir de instrumento para que um constituinte não verbal possa funcionar como núcleo do predicado, isto é, como predicador.

Os verbos compreendidos nesta classe são tradicionalmente rotulados como *auxiliares* (*ter/haver/ser*) e *de ligação* (*ser*). O tema da auxiliaridade já foi minuciosamente estudado por Eunice Pontes (Pontes, 1973) e por Lúcia Lobato (LOBATO, 1975), que destacaram tanto a inconsistência das definições como a disparidade entre os elencos de verbos auxiliares estabelecidos pelos diversos gramáticos.

Quanto à classe dos 'verbos de ligação' a confusão não é menor. Adriano da Gama Kury, por exemplo, os definiu como "verbos que, sem possuírem geralmente significação precisa, ligam um sujeito a um predicativo" (KURY, 1985, p.40). Kury refere-se a verbos como *ser, estar, parecer* e *continuar* em frases como

157. Carlos é (está/parece/continua) nervoso

Não esclarece, porém, em que se baseia para considerar imprecisa a significação desses verbos. Os usuários da língua não se enganam quanto à diferença de sentido desses verbos, por isso mesmo não os empregam uns pelos outros. Por outro lado, um verbo como *fazer* (que seguramente Kury não classificaria como 'de ligação') constitui um caso típico de 'imprecisão semântica', se assim podemos qualificar a sua capacidade de denotar realidades tão variadas e distintas como em

158. O trem *fez* a curva
159. O gato *faz* miau
160. *Fiz* uma visita a um amigo
161. Vou *fazer* os exercícios
162. A prefeitura *fará* uma passarela sobre a avenida
163. A longa exposição ao sol pode *fazer* mal à saúde

Quanto à propriedade de ligar um sujeito a um predicativo, possuem-na também verbos que Kury classifica como intransitivos na p.29 da mesma obra: 'Vai redonda e alta a lua', 'Entrei apressado'.

Ao chamar de 'relacionais' os tradicionais verbos auxiliares e de ligação, Said Ali os reuniu numa mesma classe, movido, certamente, pela intuição de que a diferença entre uns e outros estava, na verdade, no constituinte por eles introduzido: se este constituinte era um substantivo ou adjetivo em função predicativa, o verbo era 'de ligação'; se o constituinte era um infinitivo, um gerúndio ou um particípio, o verbo era 'auxiliar':

164. Carlos está (continua/fica) trabalhando (verbo auxiliar)
165. Carlos está (continua/fica) nervoso (verbo de ligação)
166. Carlos foi promovido (verbo auxiliar)
167. Carlos foi bom goleiro (verbo de ligação)

A minuciosa análise de Lúcia Lobato reduz o grupo dos auxiliares a quatro elementos – *ser, ter, haver* e *estar* – 'os auxiliares *stricto sensu*'. No que diz respeito a nós, cremos que mesmo *estar* é um verbo intransitivo,[2] uma vez que não há motivos sintáticos para considerá-lo diferente de *ficar, andar, continuar* nas construções em que esses verbos são seguidos de SPrep ou de gerúndio. *Estar* tem distribuição mais restrita que *ser*. Não há ocorrência sintática de *estar* que lhe seja exclusiva, propriedade que, justamente, caracteriza os verbos transpositores.

• *Os transpositores ter e haver*

Forma invariável do verbo, o particípio[3] passa a constituir o núcleo do predicado através de *ter/haver*, que, como verbos transpositores, se flexionam para exprimir as categorias de tempo e modo, número e pessoa, exceto nas formas do pretérito perfeito (são agramaticais as construções tive/houve comprado). O particípio recebe os mesmos complementos das formas variáveis do verbo (cf. comprei os livros/tenho comprado os livros). Se, porém, o complemento tem a forma de um pronome átono, este se anexa necessariamente ao verbo transpositor (cf. eu *os* tenho comprado/tenho-os comprado). *Tenho comprado-os* é agramatical.

• *O transpositor ser*

Conforme vimos, a função de *predicado* é privativa e exclusivamente exercida pelo constituinte que contém verbo em sua estrutura: o SV. Ao verbo compete criar as condições para que o sintagma que ele integra exerça a função de predicado. Associado a esse papel gramatical, o verbo desempenha o papel lexical de predicador. O verbo *ser*, contudo, só desempenha o papel gramatical, ficando o de predicador a cargo dos sintagmas que o acompa-

---

[2] LIMA, 1937, considera intransitivos *estar, ficar, permanecer* seguidos de predicativo, mas chama-os auxiliares quando seguidos de gerúndio (respectivamente p.57 e 157). LEMLE, 1984, elimina a classe dos auxiliares.

[3] Chamamos 'particípio' apenas a forma invariável em *-do* assumida por qualquer verbo após *ter/haver*. As formas variáveis, normalmente empregadas nas chamadas construções passivas, são adjetivos.

nham obrigatoriamente no predicado. As diferenças entre as várias estruturas de predicado que contêm *ser* ficam por conta desses predicadores, que categorialmente podem ser *SNs, SPreps. SAdjs* ou *SAdvs*, e semanticamente são expressões *atributivas* (At), *identificacionais* (Idf) ou *situacionais* (St).

168. O autor dessa história é Jorge Amado (SN-Idf)
169. O autor dessa história é baiano (SAdj-At)
170. Esse menino é inteligente (SAdj-At)
171. Esse menino é um gênio (SN-At)
172. Esse menino é o caçula da família (SN-Idf)
173. Esse charuto é de Havana (SPrep-At)
174. A recepção será no clube (SPrep-St)
175. A recepção será no sábado (SPrep-St)
176. Esse vatapá é sem pimenta (SPrep-AT)
177. Esse vatapá é uma delícia (SN-At)
178. A recepção será aqui (SAdv-St)
179. A recepção será amanhã (SAdv-St)
180. A solução é beber mais leite (SN-Idf)
181. O fato é que o povo não acredita nisso (SN-Idf)

Do ponto de vista sintático, todos são predicadores. Aliando a classificação semântica à sintática, podemos dizer que uns são *predicadores atributivos*, outros *predicadores identificacionais*, e outros ainda *predicadores situacionais* (locativos, 174 e 178, ou temporais, 175 e 179). Os predicadores identificacionais têm sempre um referente definido, e se expressam por meio de um SN constituído por nome próprio, por nome precedido de determinante identificador ou por pronome pessoal, ou por SN resultante de transposição operada por 'que/se'. Sintaticamente, caracterizam-se pela possível permuta de posição com o SN sujeito, o que dá resultados como

168b. Jorge Amado é o autor dessa história
172b. O caçula da família é esse menino
180b. Beber mais leite é a solução

Os predicadores atributivos podem ser SAdjs, SPreps ou SNs. Integrando o SV ao lado de *ser*, um SAdj só pode funcionar como predicador atributivo; seu deslocamento só se dá nos casos de topicalização com resultado enfático:

170b. Inteligente é esse menino/Inteligente esse menino é

Os predicadores atributivos apresentam dois subtipos lógicos: o que exprime *classe* e o que exprime *propriedade, característica*. Nos exemplos abaixo, o SN *um rato* exprime classe no emprego denotativo de 182 e uma propriedade no emprego conotativo de 183:

182. Mickey é um rato (= Mickey pertence à família dos ratos)
183. Anacleto é um rato (= Anacleto é ladrão)

As expressões de intensidade – como 171 e 177 – são atributivas por natureza. Assim é que, fora de seu emprego referencial, o artigo definido particularizado por uma entoação enfática, introduz predicadores atributivos, como em

184. Elis Regina era *a* intérprete (isto é, 'uma intérprete perfeita')

Vejamos agora os predicadores situacionais.

Devemos restringir esta classificação semântica às unidades que impliquem uma referência dêitica, isto é, relativa ao lugar e momento da enunciação (cf. VII.2b), como em 173, 174, 178 e 179. De sorte que, nos exemplos abaixo, a localização, quer no tempo, quer no espaço, tem valor atributivo:

185. A entrada é pelo lado (cf. A entrada é lateral)
186. A feira era aos domingos (cf. A feira era dominical)

Por fim, observemos os exemplos abaixo:

187. Engraçado esse inseto; a asa dele é na barriga
188. Você está por fora da moda; esse laço é na cintura
189. A aula será no auditório às 10 horas
190. A festa foi ontem na quadra da Portela
191. A merenda será no pátio após as aulas
192. Essa manobra é para fazer o carro parar
193. Minha sorte é se eles vierem de carro
194. A estrada é para veículos pesados
195. A entrada é sem convite
196. A viagem era de ônibus
197. O ferimento foi a navalha

Todos esses exemplos confirmam a análise do verbo *ser* que vimos propondo e que se inspira em Matthews[4], Construções como a *asa/na*

---

[4] "...podemos considerar a cópula (= ser) um meio pelo qual o predicador lexicalmente não verbal, e gramaticalmente invariável em tempo e outras categorias verbais, vem incorporado à construção cujo elemento essencial é um verbo" (MATTHEWS, 1982, p.116).

barriga/, o laço/no pescoço/, a entrada/pelo lado/, a merenda/após as aulas/, essa manobra/para parar o carro/, a viagem/de ônibus/, o ferimento/a navalha/, a entrada/sem convite/ às quais falta o verbo *ser*, são tão somente sintagmas nominais dotados de uma base e um modificador. Para que o sintagma modificador, entre barras nos exemplos, adquira a condição de predicador, recorre-se ao verbo *ser*. Introduzido o transpositor *ser*, aqueles SPreps e SAdvs passam a funcionar como núcleos de um SV (predicadores). O que 'modifica' em *a festa aqui* ou em *o ferimento a navalha* serve para 'predicar' em *a festa será aqui* e em *o ferimento foi a navalha*.

• *O transpositor ser, a anáfora e a noção de foco*

É comum o verbo *ser* acumular os papéis de transpositor e de substituto anafórico de uma proposição. Nesse emprego ele é tradicionalmente chamado 'verbo vicário'. Consideremos os seguintes pares de frases:

198a. Eles vinham a pé porque moravam perto da escola
198b. Se eles vinham a pé, é/ era porque moravam perto da escola
199a. Eu vou dizer 'já' para você correr
199b. Quando eu disser 'já', é/será para você correr
200a. Vocês podem fazer a festa no quintal
200b. Vocês podem fazer a festa, desde que seja no quintal
201a. Podíamos ir até o açude para pegar peixes
201b. Podíamos ir até o açude quando fosse para pegar peixes
202a. O Presidente renunciará para a felicidade geral
202b. O Presidente renunciará se for para a felicidade geral
203a. Eles saíram sem minha permissão
203b. Eles saíram, mas foi sem minha permissão

A comparação entre as frases *a* e *b* revela que em *b* as circunstâncias de causa (198), finalidade (199, 201 e 202), lugar (200) e modo (203) vêm 'realçadas' mediante o uso de *ser*, que as transpõe para a função de predicadores de uma oração, que pode ser dependente (200, 201, 202) ou independente (198, 199 e 203).

O recurso pelo qual se deu realce às circunstâncias nas frases acima constitui um procedimento de *focalização*. Pôr um segmento sob *foco* num enunciado equivale a considerá-lo a parcela de informação nova para o interlocutor. Por isso, essas construções têm a peculiaridade de impor uma nítida divisão do enunciado em dois segmentos: o *focalizado* – informação nova para o interlocutor – e o *restante* – informação já dada ou disponível no contexto. No capítulo VII voltaremos ao tema da focalização.

b) Transitividade e intransitividade

Tradicionalmente, a oposição *transitivo/intransitivo* tem sido tratada como uma diferença de modos de significação do conteúdo léxico do verbo: verbos como *nascer, voar, sorrir* se dizem intransitivos porque significam processos em si mesmos completos (a criança/*nasceu*, nem todas as aves/*voam*, a menina triste/*sorriu*); já os verbos *anular, conter, resumir* se dizem transitivos porque significam processos que só se completam mediante uma informação adicional, como a das expressões destacadas nos parênteses (este frasco/contém *veneno*, Jorge/resumiu *a estória*, o juiz/anulou *o gol*). O problema principal desse critério é deixar sem explicação a possibilidade de muitos verbos ocorrerem ora com o objeto, ora sem ele, como nos seguintes pares de exemplos:

204a. Ana está escrevendo no quarto
204b. Ana está escrevendo *cartas* no quarto
205a. Miguel não bebe durante a refeição
205b. Miguel não bebe nem *um copo d'água* durante a refeição

Estes pares de exemplos mostram que *escrever* e *beber* 'admitem' objetos, mas não os 'exigem'. A presença/ausência do objeto satisfaz, relativamente a uma classe de verbos que inclui *escrever* e *beber*, a uma necessidade subjetiva e circunstancial da comunicação (Gili y Gaya, 1948, p.60).

Procurando evitar as armadilhas desse critério de ordem nocional, muitos gramáticos preferem distinguir verbos transitivos e intransitivos com base na presença *versus* ausência de complementos. Noutras palavras, a distinção deixa de ser lexical e paradigmática – como propriedade intrínseca do verbo – e passa a ser sintática e sintagmática – conforme o emprego do verbo na frase.

Também este critério tem suas limitações. Convém notar que por ele a distinção transitivo/intransitivo passa a ser mecânica e semanticamente irrelevante, uma vez que, indiferente aos papéis semânticos desempenhados pelos participantes do processo verbal, como *agente* e *paciente*, não permite distinguir o comportamento semântico-sintático de verbos como *escrever* (cf. 204a e 204b) e *derreter* (o químico derreteu o chumbo/o chumbo derreteu). Esses casos são obviamente distintos; nos exemplos com *escrever* e *beber* o sujeito preserva seu papel de agente do processo, com o objeto ou sem ele. Nos exemplos de *derreter* ocorre algo diferente: o paciente (o chumbo) permanece na oração com a função sintática trocada: de *objeto* na construção transitiva, passa a *sujeito* na intransitiva.

A transitividade é, efetivamente, parte do conteúdo lexical de muitos verbos. Contudo, assim como as noções de *gênero, tempo, caso* etc. não correspondem a dados precisos e bem-delimitados da nossa experiência conceitual, assim a transitividade não pode ser definida em termos de experiência extraverbal. Esta é um contínuo ou substância de 'sentidos possíveis' que só se torna objeto do nosso conhecimento e matéria de expressão verbal quando é estruturada, analisada, recortada em unidades lexicais e gramaticais (cf. I.1 e I.2). Esse recorte, simbólico e convencional, paga com a flutuação de seus limites o custo de seu caráter arbitrário. Por isso, substantivos nem sempre correspondem a pessoas e coisas, e o futuro dos verbos não corresponde sempre a acontecimentos futuros. Por isso, ao mesmo esquema oracional que prevê o binômio sujeito/predicado podem corresponder configurações de sentido tão variadas como agente/ação (206), causa/efeito (207), instrumento/ação (208), paciente/processo (209), paciente/ação (210), origem/processo (211), beneficiário/ação (212).

206. Pedro descascou a laranja
207. A chuva alagou a cidade
208. A gilete faz a barba
209. O gelo derreteu
210. Pedro quebrou o braço
211. A pedra minava água
212. Pedro ganhou uma bicicleta

A transitividade está nesse caso. Muitos verbos representam a experiência humana como um processo, com a exigência de se explicitarem dois participantes – sujeito e objeto, como em 'João resumiu a estória' – ou apenas um – sujeito, como em 'O sol nasceu' –, ou um e opcionalmente dois como em 'Ana chorou/Ana chorou sofridas lágrimas', 'Paulo não bebe/Paulo não bebe vinho' – ou dois e opcionalmente três, como em 'Paulo recebeu uma carta/Paulo recebeu uma carta de seus pais'.

A afirmação de que a predicação do verbo depende da frase implica negar que ela faça parte do sistema da língua, que ela integre o conhecimento que cada um tem de sua língua e que o torna capaz de saber se 'deve' ou simplesmente 'pode' anexar um objeto ao verbo que empregou. Muitos verbos – entre os quais se incluem 'escrever' e 'beber' – estão categorizados na língua como transitivos e intransitivos, e se esse fato só se torna evidente na frase é porque está latente no conhecimento linguístico de cada usuário.

Por tudo isso, não é bastante dizer, por exemplo, que os verbos *derreter* e *escrever* podem ser transitivos ou intransitivos, porque, categorizados de um modo ou de outro na língua, eles impõem a seus sujeitos papéis semânticos diferentes.

Adiante ainda vamos nos deter na distinção entre verbos transitivos e intransitivos. Antes vamos passar em revista a questão da oposição entre *complementos* e *adjuntos*.

• *Complementos e adjuntos*

Opor complementos a adjuntos é uma prática corrente nas descrições gramaticais das línguas indo-europeias. A despeito das muitas dificuldades teóricas e metodológicas que cercam essa distinção, ela é sustentada basicamente pelo pressuposto de que, na estrutura da oração, certos constituintes – *complementos* – são necessários, isto é, 'exigidos' pelos termos regentes (que sem eles ficariam 'incompletos'), enquanto outros – *adjuntos* – são acessórios, isto é, acrescentados 'facultativamente' às construções. A oposição desses conceitos mediante os termos *complemento* e *adjunto* não é, todavia, prática muito antiga. 'Complementos' é como se identificam, no sistema francês de análise, as mesmas funções que, no sistema inglês, se designam como 'adjuntos', conforme se depreende do paralelo feito por Ernesto Carneiro Ribeiro nos *Serões gramaticais* (Ribeiro, 1955, p.553-61). Na *Gramática filosófica*, de Soares Barbosa, usa-se tão só o termo 'complemento' para rotular quatro espécies de constituintes: *complemento objetivo, complemento termi-*

nativo, complemento restritivo e *complemento circunstancial*. A oposição 'obrigatório' *versus* 'facultativo' separa, no entanto, os dois primeiros dos dois últimos:

> Os dois complementos, objetivo e terminativo, de que acabamos de falar, são os únicos regidos e determinados pelas partes regentes, e como tais os únicos também necessários e indispensáveis para completar a significação das mesmas, a qual sem eles ficaria por completar e suspensa.
> Os dois seguintes, porém, que são os complementos restritivo e circunstancial, não são determinados nem regidos por parte alguma da oração, mas adicionados a elas por quem fala ou escreve, para lhes modificar e mudar a significação, já restringindo-a, já explicando-a e ampliando-a. Não são portanto essenciais e necessários à integridade gramatical da oração, ainda que sejam para a sua verdade e boa inteligência. (Barbosa, 1975, p.280)

Pouco a pouco se foi estabelecendo a distinção terminológica, que Eduardo Carlos Pereira, mesmo sem a adotar, registra numa observação apensa ao item 391 da sua *Gramática expositiva:*

> O termo *adjunto* é de moderna importação, porém vai-se generalizando seu uso; vem do particípio irregular do verbo *adjungir* = *jungir a*. Traz a ideia de palavra que se prende a outra, como os adjetivos e advérbios, para lhes modificar o sentido. É mais geralmente aplicado às funções atributivas e adverbiais. *Complemento* ou *regime* são expressões mais antigas, e aplicam-se mais comumente ao objeto e às expressões ligadas por preposição. (Pereira, 1942, p.217)

• *Complementos e adjuntos do verbo*

Comparadas as frases

213a. Carlos votou *em Gabeira*
213b. Carlos votou *em Niterói*
214a. Carlos engordou *dois porcos*
214b. Carlos engordou *dois quilos*

fica evidente a diferença de comportamento sintático dos segmentos destacados, assim como de relação semântica com os verbos a que se seguem. Em 213a e 214a os sintagmas destacados são os alvos do processo verbal;

em 213b denota o lugar do processo verbal, em 214b uma quantificação desse processo. Do ponto de vista sintático, *em Gabeira* e *dois porcos* são 'necessários', ao passo que *em Niterói* e *dois quilos* são 'facultativos'. Além disso, o sintagma *em Gabeira* é substituível por *nele*, enquanto *em Niterói* pode dar lugar a *aqui, lá, aí;* o sintagma *dois porcos* pode dar lugar ao pronome *os*, enquanto o sintagma *dois quilos* só pode ser substituído por uma expressão quantitativa como *pouco, demais.*

Estes fatos seriam suficientes para justificar a distinção entre *complementos* (em Gabeira, dois porcos) e *adjuntos* (em Niterói, dois quilos). Infelizmente, pelo prisma escolhido, os dados da análise nem sempre são tão claros. Tradicionalmente, como se viu, confere-se o *status* de complemento aos termos cuja ausência deixaria 'incompleto' o sentido da oração, e de adjunto ao termo que pode ser dispensado da oração sem prejuízo de sua integridade sintática. Por esse critério, deveremos chamar 'adjuntos' os termos destacados em 215a e 216a, e complementos os termos destacados em 215b e 216b:

215a. João tem uma *bela* casa
215b. João tem uma *bela* voz
216a. João gosta de estudar *na biblioteca*
216b. João gosta de morar *no Grajaú*

pois são 'incompletas' as construções 'João tem uma voz' e 'João gosta de morar'. Por sua vez, os termos destacados abaixo são tradicionalmente identificados como complementos, embora sejam facultativos.

217a. Carlos foi embora e nem se despediu
217b. Carlos foi embora e nem se despediu *dos amigos*
218a. Edwaldo não lê sem os óculos
218b. Edwaldo não lê *jornal* sem os óculos
219a. O povo está descrente
219b. O povo está descrente *dos políticos*

A esse respeito vale conferir Gili y Gaya, já aqui citado. Explicação análoga encontramos em Cláudio Brandão[5]. Mas a explicação usual consiste em admitir a dupla – e às vezes tríplice – predicação desses verbos

[5] "Muitos verbos normalmente transitivos podem carecer de objeto direto, quando o sentido da frase for tão claro que o ouvinte ou leitor o completam logo, subentendendo instintivamente o complemento omitido." (Brandão, 1963, p.46)

associada quase sempre a sutis variações de sentido, conforme se lê em Julio Ribeiros[6].

- *Transitividade 'direta' e transitividade 'indireta'*

A distinção entre verbos transitivos diretos e indiretos é inadequada por várias razões. Em primeiro lugar, não é bem clara a base desta distinção; alguns gramáticos veem na preposição um indicador do caráter 'indireto' da relação entre o verbo e o complemento. Que relação é essa? Se é semântica, como caracterizar uma relação semântica como 'indireta'? Como dizer que em 'Amo meus semelhantes' a relação semântica entre o verbo e seu complemento é 'direta' e em 'Gosto de meus semelhantes' essa relação é 'indireta'? Rocha Lima, que procurou conceituar semanticamente o 'complemento' dos verbos transitivos indiretos e o definiu como o "complemento que representa a pessoa ou coisa a que se destina a ação, ou em cujo proveito ou prejuízo ela se realiza" (Lima, 1976, p.219), reconhece, contudo, que a relação semântica entre esse complemento e o verbo se estabelece às vezes entre um objeto e o verbo transitivo direto (valer a alguém/socorrer alguém, querer a alguém/estimar alguém); logo, o ser em cujo proveito ou prejuízo a ação se realiza pode também ser um objeto direto. Além disso, se a ação 'se realiza' em proveito ou prejuízo de alguém ou alguma coisa, a predicação está completa independentemente desse 'alguém' ou dessa 'coisa', que, por isso, não são complementos dos respectivos verbos.

Suposto que o critério formal seja mais preciso, persistem, porém, o impasse diante de fatos como 'esperar alguém/esperar por alguém', 'habitar a floresta/habitar na floresta', 'sacar o revólver/sacar do revólver', e a imprecisão de certas distinções como em 'Trabalha *para* o *bem geral da família*' – *objeto indireto,* segundo Bechara (Bechara, 1967, p.255) – e 'Preparou-se *para* o *passeio*' – *adjunto adverbial* (Bechara, 1976, p.70) – distinção que, salvo melhor juízo, é injustificável.

Há outros problemas. Celso Cunha, por exemplo, que parece inclinar-se para o critério formal (Cunha, 1970, p.101), recorre adiante ao critério

---

6 "Os verbos transitivos, se são tomados em sentido geral, dispensam o objeto e tornam-se intransitivos." (Ribeiro, 1914, p.265)

semântico para distinguir objetos indiretos de adjuntos adverbiais, aparentemente insatisfeito com o critério formal (Ibidem, p.380). Mesmo esse recurso não impede que na mesma p.101 ("Que ela afaste *de ti* aquelas dores/Que fizeram de mim isto que sou" (Florbela Espanca)), 'de ti' seja considerado um objeto indireto a despeito do conteúdo 'afastamento de um ponto, de um limite' (cf. p.386) expresso por aquele 'de'. Acresce que os exemplos dados pelo prof. Celso Cunha, na p.380[7], para distinguir adjunto adverbial e objeto indireto, considerados respectivamente termos acessório e integrante, são igualmente considerados termos integrantes por Rocha Lima (Lima, 1976, p.221), que os chama, respectivamente, 'complemento circunstancial' e 'complemento relativo'. Aliás, não deixa de ser curioso que justamente o termo considerado acessório – 'com Pedro' – é 'obrigatório', enquanto o considerado 'integrante' é 'facultativo'.

Essas observações querem apenas destacar as imprecisões de uma abordagem descritiva que não define com clareza seus critérios de classificação e, misturando-os, gera contradições que, todavia, podem ser contornadas. Com efeito, em termos sintáticos, em nada ajuda reconhecer que certas preposições ficam nocionalmente enfraquecidas e são selecionadas pelo próprio verbo (gostar *de*, concordar *com*, assistir *a*, pensar *em*). A preposição, seja ela qual for e seja qual for o motivo de sua ocorrência – sintagmático ou paradigmático – do ponto de vista sintático é parte de um sintagma cuja categoria ela define: o sintagma preposicionado. É o SPrep, e não a sequência *verbo + preposição*, que constitui uma unidade sintática e funciona como tal (cf. Eu concordo *com você*/*Com você* eu concordo/Eu concordo normalmente *com você*, mas nunca Eu concordo com normalmente você; *Com Pedro* eu não estive hoje/Hoje eu não estive *com Pedro*/Eu não estive hoje *com Pedro*, mas não Eu não estive com hoje Pedro). Por seu turno, o SN introduzido pela preposição tem um funcionamento sintático relativamente à preposição e não ao verbo (cf. *Alberto concordou comigo*/Alberto esteve *comigo*/Alberto gosta

[7] "1. Comparando as frases:
Estive *com* Pedro.
Concordo *com* você.
observamos que, em ambas, a PREPOSIÇÃO *com* tem como antecedente uma forma verbal (*estive* e *concordo*), ligada por ela a um consequente, que, no primeiro caso, é um termo acessório (*com* Pedro = ADJUNTO ADVERBIAL) e, no segundo, um termo integrante (*com você* = OBJETO INDIRETO) da oração." (Cunha, 1970, p.380)

de mim), haja vista a forma assumida pelo pronome, o que se explica por sua relação sintática com a preposição, e não com o verbo. Aí a relação entre o SN e o verbo tem caráter exclusivamente semântico.

• *O conteúdo da transitividade*

O conceito tradicional de transitividade como 'ação que passa de um sujeito a um objeto' já foi alvo de muitas restrições, como a de R.H. Robins, citado por John Lyons:

> A fragilidade de definições semânticas é aqui bem-ilustrada: *hit/ferir*, em *I hit you/Eu o firo* é sintaticamente um verbo transitivo, e é frequentemente escolhido como um exemplo porque a ação referida pode dizer-se que 'passa' do meu punho para você; mas *hear/ouvir*, em *I hear you/Eu o ouço*, está exatamente nas mesmas relações sintáticas com os dois pronomes e é considerado verbo transitivo, embora, neste caso, a 'ação', se é que há referência a alguma ação, é em sentido contrário, e na situação referida pelo verbo *love/amar*, que é sintaticamente semelhante a *hear*, na frase *I love you*, quem faz algo, o que faz e a quem o faz? (LYONS, 1979, p.370)

Esse conceito de transitividade peca em pressupor que sujeito e objeto correspondam a categorias homogêneas e bem-definidas, como as de agente e paciente. Ao contrário, qualquer esforço para caracterizar as relações semânticas entre o verbo transitivo e seu objeto conduz a uma só certeza: que essas relações são variadas e heterogêneas.

Mesmo assim, contudo, Franch e Blecua (FRANCH Y BLECUA, 1975, p.864) reconhecem nelas dois conteúdos básicos. Em uma, o nome que serve de objeto representa algo que preexiste ao processo verbal. Pertencem a este grupo verbos como *ter, guardar, colher, oferecer, abandonar, herdar, provocar* (uma pessoa). Na outra relação, o nome objeto designa algo que passa a existir como resultado do processo verbal. A este grupo pertencem verbos como *fazer, construir, compor, imaginar, provocar* (um acidente).

A classificação que se segue baseia-se na proposta de Cano Aguilar para a língua espanhola (CANO AGUILAR, 1981).

1. verbos de ação resultativa: *fazer, construir, organizar, imaginar, acarretar, provocar* (um acidente);

2. verbos de objeto afetado: *destruir, desfazer, alegrar, confortar, emocionar, eleger, cortar, persuadir, secar, utilizar, quebrar, queimar, esfarelar, espichar, enfraquecer, engordar*;
3. verbos de movimento: *pôr, levar, conduzir, levantar, dirigir, trazer, remeter, arrancar, remover, expulsar*;
4. verbos com objeto de extensão ou escala: *atravessar, percorrer, subir* (uma escada), *abraçar, presidir, contornar, ocupar, preencher, inundar, medir* (um terreno);
5. verbos de posse: *ler, possuir, ganhar, tomar, perder, manter, deter, colher, receber, aceitar, adotar, adquirir*;
6. verbos de atitude: *permitir, impedir, consentir, deixar, proibir, obrigar, autorizar, evitar, ordenar, estimular, incentivar, exigir, pedir, mandar*;
7. verbos de percepção: *aprender, entender, ver, ouvir, escutar, sentir, degustar, perceber, contemplar, examinar, saber, conhecer, esquecer, lembrar, provar* (uma bebida), *descobrir, considerar, lamentar*;
8. verbos de vontade, emoção, sentimento: *sentir* (saudade, raiva), *ter* (nojo, desejo, piedade), *querer, crer, temer, esperar* (ter esperança), *estimar, desdenhar, apreciar, amar, odiar, padecer, sofrer*;
9. verbos de comunicação verbal: *dizer, declarar, informar, divulgar, contar* (uma estória), *perguntar, responder, prometer, explicar, avisar, negar, silenciar, denunciar, noticiar.*

• *Os verbos intransitivos*

Do ponto de vista sintático, não há qualquer diferença entre as frases (a) e (b) de cada um dos pares abaixo:

220a. O carro *bateu* no poste
220b. A mulher *bateu* no marido
221a. Pedro *dependia* do pai
221b. Pedro *fugia* da escola
222a. Luís *mora* em Niterói
222b. Luís *trabalha* em Niterói
222a. Antônio *está* na escola
222b. Antônio *está* na miséria
223a. *Fui* a esse médico ontem
223b. *Assisti* a esse filme ontem

224a. Ele *deixou* de fumar
224b. Ela *cansou* de esperar
225a. Ela *parece* calma
225b. Ela *parece* ter perdido o juízo

Todos os verbos destacados são intransitivos[8]. No último par de exemplos, 'calma' e 'ter perdido o juízo' são, respectivamente, SAdj e SN funcionando como *modificadores*. Nos outros exemplos também funcionam como modificadores os sintagmas preposicionados, cujos SNs travam com os verbos-base relações exclusivamente semânticas de acordo com as alternativas de sentido sinalizadas pela própria realidade: 'localização' em 222a, 'estado' em 222b, 'causa' em 224b. Em alguns exemplos a preposição parece fossilizada junto aos verbos-base (como no exemplo 221a, cuja preposição tem na sua origem o valor de afastamento/procedência ainda evidente em 221b e 224b). Este fato não influi na descrição sintática dessas construções, haja vista o comportamento sintático do pronome (cf. Pedro dependia de *mim*/Pedro fugia de *mim*), explicável tão só por sua relação com a preposição.

Também são intransitivos os verbos que vêm seguidos de SN não substituível por pronome átono. Trata-se em geral de sintagmas com valor quantitativo, necessariamente preposicionados quando o verbo é transitivo integrado por objeto (cf. o livro custou *uma fortuna*/comprei o livro *por uma fortuna*).

226. O terreno *mede* 160m²
227. Esse livro *custa* uma fortuna
228. A temperatura *subiu* dois graus
229. João *engordou* dois quilos
230. A viagem *durou* 80 dias

Deve-se notar a diferença entre as construções 'o terreno mede 160m²' e 'o carpinteiro mediu *a parede*', 'a temperatura subiu dois graus' e 'os cabritos sobem *a pedreira*'. Nestes novos exemplos os sintagmas destacados são objetos e os verbos que os recebem são transitivos (cf. 'o carpinteiro *a* mediu', 'os cabritos *a* sobem').

[8] Sigo de perto Lima, 1937, p.57 e 162-74.

• *A predicação e a categoria do aspecto*

Há uma subclasse de verbos intransitivos cuja característica é virem seguidos de SAdj, SAdv ou SPrep. Juntos a esses verbos, o SAdv e o SPrep denotam estado ou situação no tempo/espaço. Alguns desses verbos foram incluídos tradicionalmente na lista dos 'verbos de ligação', a que já fizemos referência (cf. V.2a).

Uma importante diferença entre eles está na representação da estrutura interna dos eventos ou estados que denotam. Por exemplo, dado o contexto 'as águas do rio – turvas', a escolha de *estar, ficar, andar* ou *continuar* permite representar o estado 'turvas' sob quatro *aspectos:* 'momentâneo', 'resultativo', 'durativo' ou 'permansivo'.

Nesses casos, o aspecto é uma propriedade inerente ao conteúdo lexical dos verbos. Frequentemente são as conjunções que explicitam o aspecto sob que se desenrola o processo/evento ou se considera o estado: *enquanto* (durativo), *assim que* (pontual), *sempre que* (iterativo), *até que* (perfectivo) etc (Cf. V.3c).

Vamo-nos deter, em seguida, no exame da oposição *ser/estar,* visto que ela realiza um tipo de oposição aspectual que tem chamado a atenção dos gramáticos e linguistas que se ocupam do português.

Os verbos *ser* e *estar* empregam-se em contextos sintáticos muito parecidos e, frequentemente, constituem a única diferença entre dois enunciados, como nos exemplos abaixo:

231a. Este café *é* bom/231 b – Este café *está* bom
232a. Luís *é* rico/232b – Luís *está* rico
233a. O céu *é* azul/233b – O céu *está* azul

Representados no tempo presente e desacompanhados de expressões circunstanciais, os enunciados com *ser* são genéricos, afirmam dados da nossa experiência independentes das circunstâncias; já os enunciados com *estar* indicam, nas mesmas condições, que *bom, rico* e *azul* são qualidades adquiridas ou eventuais daqueles mesmos sujeitos. Por isso, é com *ser* e não com *estar,* que se enunciam dados da experiência tomados como verdades gerais e atemporais.

234. O homem é um animal racional
235. A Terra é redonda

Esta diferença fica ainda mais clara quando os dois verbos se combinam no mesmo enunciado referidos ao mesmo sujeito:

236. O carro dele *é* veloz, mas *está* lento
237. Essas laranjas *são* doces, mas *estão* verdes

A escolha de *ser* ou *estar* em cada caso é controlada por pressupostos distintos quanto ao 'modo de existência' – absoluto × contingente – dos dados da experiência referidos pelo enunciado. Introduzido por *estar*, o adjetivo denota um atributo que, na visão do enunciador, resulta de uma mudança ou é passível de uma mudança, por isso 'contingente'. O uso de *ser*, ao contrário, exclui essa pressuposição. Embora contingente, esse modo de existência dos atributos ou situações introduzidos por *estar* não implica 'transitoriedade'. O caráter temporário ou definitivo de certos atributos é parte da significação dos próprios predicadores, e não devido ao verbo, haja vista os seguintes enunciados:

238. O jogo *está* perdido
239. Este homem *está* morto
240. O bolo *está* intacto
241. A casa está *disponível*

Por conta das referidas diferenças de pressuposição, são normais os enunciados 242a e 242b, e pouco naturais os enunciados 243 e 244:

242a. Carlos é branco (= pertence à raça branca)
242b. Carlos está branco (= pálido)
243. Em virtude do mau tempo, os voos são atrasados (?)
244. Os astrônomos provaram que a Terra está redonda (?)

Observemos, por outro lado, os seguintes enunciados:

245. Não se preocupe, esta chuva é passageira
246. Estes atletas são jovens
247. Estas casas estão velhas
248. Ana Maria está alegre

Os enunciados 246, 247 e 248 admitem *ser* ou *estar*, ao passo que 245 só admite *ser*. Em 245 está descartada a pressuposição de mudança, pois 'passageira' é aí um atributo constante de 'esta chuva' (a chuva pertence à categoria das chuvas que passam logo). Em 246 e 247, a pressuposição que justifica a ocorrência de *estar* é inerente ao 'modo de existência' dos atributos jovem e velho, pontos que são numa escala cronológica (*jovem*, passível de mudança; *velho*, resultante de mudança).

É interessante notar que, se a simples troca de *estar* por *ser* altera a pressuposição dos enunciados 246, 247 e 248, o acréscimo de advérbios de tempo pode praticamente anular as diferenças de sentido entre *ser* e *estar*.

249a. Estes atletas ainda estão jovens
249b. Estes atletas ainda são jovens
250a. Estas casas já estão velhas
250b. Estas casas já são velhas
251a. Ana Maria está sempre alegre
251b. Ana Maria é sempre alegre

Como se vê, *já* e *ainda*, por um lado, e *sempre*, por outro, é que respondem agora pela distinção formulada no terceiro parágrafo desta seção. Com efeito, 249b, 250b pressupõem, respectivamente, apesar do verbo *ser*, que o atributo é passível ou resulta de mudança. Esta pressuposição está excluída em 251a por conta do advérbio *sempre*.

3. Os modificadores

Classificam-se segundo a classe sintática da unidade que modificam: modificador nominal, modificador verbal, modificador adjetival, modificador adverbial e modificador oracional. Os modificadores nominais se dizem adjuntos quando integram o SN, e apostos quando ocorrem fora do seu domínio. Com exceção do SV, que exerce exclusivamente – e privativamente – a função de predicado, todos os demais sintagmas podem funcionar como modificadores.

Os modificadores nominais foram apresentados aqui de forma sumária. Esta parte destina-se a uma descrição minuciosa das várias espécies de modificadores.

a) O sintagma adjetivo (SAdj)

O SAdj tem como núcleo um *adjetivo*, que pode vir precedido de *determinante*, e precedido e seguido de *modificador*. Os determinantes que integram o SAdj são variantes combinatórias dos indefinidos: *tão* – var. de 'tanto' –, *quão* – var. de 'quanto' –, *algo* – var. de 'algum' –, *nada* – var. de 'nenhum' –, *mais, muito, um pouco, um tanto, tanto ou quanto, bastante, assaz, todo, quase.*

Os modificadores adjetivais antepostos à base são sintagmas adverbiais quase sempre em *-mente* (aparentemente, demasiadamente, tristemente); os modificadores pospostos são sintagmas preposicionados (branca *sem exagero,* confiante *na força,* arrastado *pela correnteza).*

252. Eles estão *muito* (um pouco, algo, tão ...) preocupados
253. Eles não estão *nada* satisfeitos
254. Eles ficaram *aparentemente* (demasiadamente) preocupados
255. Esses políticos ficaram *tristemente* célebres
256. Eles ficaram felizes *com o resultado do exame*
257. Pareciam certos *de que iam ganhar a competição*
258. A montanha foi escalada *por experientes alpinistas*

O SAdj pode ainda ter a forma de uma oração iniciada por um *transpositor anafórico* (TA), tradicionalmente chamada 'oração adjetiva':

259. O café *que ela serviu* estava frio
260. Tenho um amigo *cujo pai é marceneiro*

A) Predicador e modificador

O SAdj desempenha duas funções sintáticas: predicador e modificador. Em uma como em outra concorda em gênero e número com a base do SN com que se relaciona na frase. Como predicador, vem introduzido pelo verbo transpositor *ser.* Como modificador, pode ocorrer referido à base do SN (modificador adjunto) ou à totalidade do SN (modificador aposto). Externo ao SN a que se refere, o SAdj desfruta de certa mobilidade posicional e quase sempre exprime conteúdos circunstanciais relativos ao predicado: modo, tempo, causa, condição etc. Iniciando a oração, serve-lhe de modificador (MO); posposto ao SN, modifica-o como um autêntico aposto; integrando o SV, pode referir-se ao sujeito ou ao objeto. O SAdj pode ainda servir de aposto a um SN complemento de preposição.

Exemplos de SAdj predicador:

261. "A igreja era *grande* e *pobre.*/ Os altares, *humildes.*" (Andrade, 1973, p.255)

262. Os castelos de areia foram *desfeitos pela onda*
263. Não seja *tão modesto*

Exemplos de SAdj modificador adjunto:

264. "Meu amigo andou pelas encostas do Corcovado, em noite de prata *lunal*, e conseguiu, por artimanhas só dele *sabidas*, capturar vivo um tatu *distraído*". (ANDRADE, 1977, p.58)
265. "... estou parecendo um desses clichês *sempre feitos com fotografias antigas que os jornais publicam* de um desaparecido *que a família procura* em *vão*." (BRAGA, 1966, p.130)

Em 265 o SAdj *sempre feitos com fotografias antigas* refere-se à base *clichês; antigas* refere-se à base *fotografias; que os jornais publicam* refere-se à base *fotografias*, e *que a família procura em vão* refere-se à base *desaparecido.*

Exemplos de SAdj modificador aposto:

266. "Quem a vê, *tão velhinha, tão honesta de aparência*, não sabe o que ali se esconde." (QUEIROZ, 1966, p.48)
267. "A manhã nascia, *hesitante*, mas vinha encontrá-los *restaurados* e *ágeis*, como se tivessem menos de dez anos." (ANDRADE, 1973, p.839)
268. "Meu Deus! é uma biblioteca fabulosa que eu não sabia *existente* naquela residência..." (NAVA, 1973, p.191)
269. "*Firme no ar, equilibrada*, a geladeira começou a perder terreno." (CAMPOS, 1966, p.180)
270. "*Queimados* os últimos busca-pés, os moleques transformaram o resto da noite em passeata carnavalesca, *esquecidos* do colega morto e de seu indigitado assassino." (MACHADO, 1976, p.6)
271. "*Ausentes* os hóspedes e os passageiros, caíamos no ramerrão fastidioso." (RAMOS, 1976, p.25)
272. "O fogo do purgatório, *horroroso*, não se comparava aos lumes terrestres" (RAMOS, 1976, p.93)
273. "[Jânio] ia para os comícios com o colarinho *desabotoado, frouxo* o nó da gravata, a roupa *amassada*..." (VERÍSSIMO, 1975, p.110)
274. "Estava sentado com os olhos *abertos*, num banco de pedra." (CAMPOS, 1966, p.74)
275. "O brinquedo acabou com ela *deitada* no fundo da cova, *escondida* sob um monte de terra." (NAVA, 1973b, p.264)

276. "O Mendes crescera ouvindo em casa, *contadas pelo avô*, estórias edificantes sobre esses dois patriarcas." (Veríssimo, 1975, p.291)

O SAdj integra o SV em 266, 267 e 268 e integra SNs em todos os demais casos. Em 269, 270 e 271 este SN contém outro SN modificado pelo SAdj aposto e serve de modificador a toda a oração. Vejamos essa hierarquia em um diagrama:

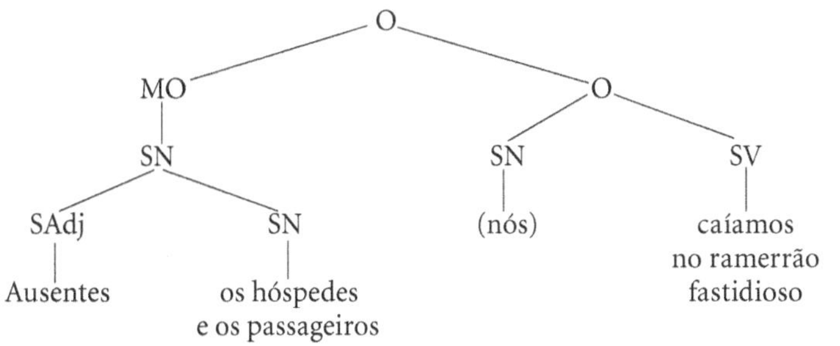

Em 273, 274 e 275, esse SN é parte de um SPrep e se desdobra em outro SN modificado pelo referido SAdj. Vejamos o diagrama:

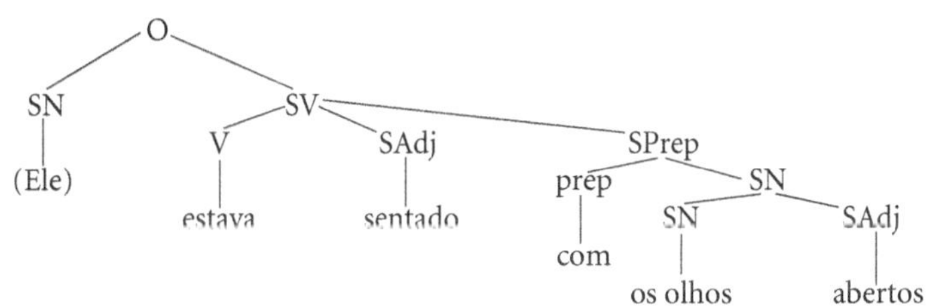

O conteúdo circunstancial de muitos desses modificadores assemelha-os semanticamente a orações adverbiais de tempo (*queimados, ausentes*), de modo (*hesitante, esquecidos*), razão por que alguns gramáticos os classificam como 'apostos circunstanciais' (p. ex. Kury, 1985, p.60). Em geral veem em 270 uma 'oração reduzida', mas inexplicavelmente não enquadram 271 nessa categoria (cf. Bechara, 1976, p.152ss.)

Os modificadores apositivos distinguem-se dos adjuntos por realizarem uma 'predicação secundária', na qual o adjetivo "alcança temporalidade transferida pelo verbo dominante da frase (Franch y Blecua, 1979, p.960). Assim é que 'hesitante', 'tão velhinha/tão honesta', restaurados/agéis', 'existente' e 'esquecidos' expressam atributos concomitantes, respectivamente, a 'nascia', 'vê', 'encontrar', 'sabia' e 'transformaram', ao passo que 'firme no ar/equilibrada', 'queimados' e 'ausentes' expressam atributos anteriores a 'começou a perder', 'transformaram' e 'caíamos', respectivamente.

B) SAdj e transposição: as orações adjetivas

Chamam-se adjetivas as orações que, introduzidas por um transpositor anafórico, modificam um nome ou um pronome. Elas podem vir integradas no SN, como um adjunto, ou logo após ele, como um aposto.

277. Vimos a arma / com a qual ele se defendia/

278. O carro / cujo pneu furou / continua no estacionamento

279. Ela foi à Igreja de São João Baptista, / de quem é devota/

280. "Coitada de minha avó. ... Logo ela, / que amava tanto a vida /, ...ia morrer." (Nava, 1973, p.75)

281. "Menino dessa idade tem lá pecado? Ai! de mim / que já os tinha e negros." (Nava, 1973, p.192-3)

Nesses exemplos, *a qual, cujo, quem* e *que*, pronomes relativos, ao mesmo tempo que remetem anaforicamente para os antecedentes *a arma, o carro, São João Baptista, ela* e *mim*, transpõem as orações que introduzem para o papel de termos modificadores desses sintagmas.

• *Orações restritivas e não restritivas*

As orações adjetivas se dizem *restritivas* quando, como adjuntos, contribuem para a identificação do ser a que se refere o antecedente (exemplos 277 e 278) e *explicativas* (melhor seria dizer não restritivas) quando, ao contrário, são irrelevantes para essa identificação (exemplos 279, 280 e 281). Isto não equivale a afirmar, como fazem muitos gramáticos, que as orações explicativas são 'dispensáveis' ao sentido da frase e que as restritivas lhe são 'necessárias'. Conforme já observou Rodolfo Ilari, "há nisso, na melhor das hipóteses, uma formulação obscura de um critério válido"

(Ilari, 1985, p.20). Com efeito, se é verdade que uma oração explicativa não contribui para a identificação da pessoa/coisa a que o antecedente se refere, pode, contudo, ser fundamental para justificar algo mais que se declare a respeito desse antecedente. Assim, no exemplo 280, a oração não restritiva 'que amava tanto a vida' é que dá sentido ao emprego do 'logo', com que o autor lamenta a morte da avó.

• *Conteúdos circunstanciais das orações adjetivas*

As orações adjetivas podem acumular um conteúdo circunstancial de *causa, concessão, condição, finalidade, resultado.* Observem-se, além do exemplo 280 acima, de valor concessivo (que amava tanto a vida = embora amasse tanto a vida), os seguintes enunciados:

282. Meu primo, *que conhece bem esta cidade,* pode nos servir de guia
283. Esse pintor, *que conheceu a fama na mocidade,* acabou os dias pobre e esquecido
284. Eles contratariam qualquer pessoa *que lesse histórias para as crianças*
285. Objeto *que ele tocasse* logo se transformava em ouro
286. Desde que publicou a obra, o autor reuniu material *com que ampliasse a segunda edição*
287. Cuidado para não fazer declarações *que possam nos comprometer*

A oração adjetiva exprime *causa* em 282, *concessão* em 283, *condição* em 284 e 285, *finalidade* em 286 e *resultado* em 287.

Muitas construções adverbiais parecem provir historicamente de construções adjetivas cujo transpositor se uniu ao antecedente numa locução de valor circunstancial, fenômeno comum nas construções temporais e comparativas.

288. "...o apito de suas locomotivas assustava os bichos do campo e do mato, *ao mesmo tempo que* a fumaça de suas chaminés sujava aqueles ares puros." (Veríssimo, 1975, p.31) (Valor temporal)
289. As crianças gargalhavam *cada vez que* o palhaço dava uma cambalhota (Valor temporal)
290. "Finalmente ia se livrar daquele novo proletariado, *agora que* seus verdadeiros operários estavam voltando das férias." (Gabeira, 1981, p.110) (Valor temporal)

291. "As marcas da cultura francesa estavam decididamente contidas nas formulações dos advogados, da *mesma forma* que se observou na análise dos escritos revolucionários." (Mota, 1982, p.203) (Valor comparativo)
292. Mário de Andrade escreveu mais cartas *do que* qualquer outro escritor brasileiro (Valor comparativo)
293. "País já exporta *tanta* gasolina *quanto* consome." (*Jornal do Brasil*, 15.7.87)

Comparem-se os exemplos 292 e 293 aos dois seguintes, que contêm orações autenticamente adjetivas:

294. "Os habitantes das cidades do interior não tinham visão política muito mais ampla dos *que viviam nas áreas rurais vizinhas.*" (Viotti, 1985, p.203)
295. Ele leu tantos livros *quantos eu lhe recomendei*

• *Nome próprio modificado por oração adjetiva restritiva*

Uma vez que se referem a entidades individuais e não a classes, os nomes próprios vêm modificados normalmente por apostos e/ou orações adjetivas não restritivas, que também têm função apositiva. O mesmo se passa com os pronomes pessoais, que semioticamente equivalem a nomes próprios. Contudo, em expressões do tipo 'o Rio de Janeiro daquele tempo', 'o Bocage dos poemas eróticos', o nome próprio vem modificado por expressão de valor restritivo, que distingue o Rio de Janeiro em várias épocas ou vários poetas num só indivíduo. Nestes casos, o nome próprio vem determinado por identificador ('artigo definido') e a oração adjetiva que o modifica tem valor restritivo:

296. Drummond, *que se notabilizou como poeta,* era também excelente prosador
297. O Drummond *que escreveu a Rosa do Povo* é o que se pode chamar um 'poeta engajado'

• *Formas e funções dos transpositores anafóricos*

Os transpositores anafóricos – pronomes e advérbios relativos – são em geral sintagmas, nominais ou adverbiais (com exceção de 'cujo', que é um pronome adjetivo e funciona como *determinante*) e por isso podem integrar sintagmas preposicionados, nos quais exercem a função de complementos da preposição. 'Quem' ocorre integrado ao SPrep; 'qual/quais' vêm sempre precedidos de o/a/os/as, e funcionam, diretamente vinculados ao verbo, como seu sujeito ou objeto, e devem sua forma ao número e gênero do antecedente, com o qual concordam. Nos exemplos abaixo, *os quais* é sujeito em 298 e objeto em 299.

298. "Abraçou um a um os quatro homens de preto, os quais em seguida se dirigiram em silêncio ... rumo de seus carros..." (Veríssimo, 1975, p.219)
299. "... em rápida passagem pelo Rio, [Félix Grant] ouviu e levou para os Estados Unidos os discos de João Gilberto, os quais começou a lançar em seus programas." (Morais, 1986, p.626)

A forma geral do transpositor anafórico é 'que', de longe o mais frequente e praticamente único nas variedades coloquiais da língua (cf. os enunciados 'a casa onde ela mora é ampla' e 'a casa em que ela mora é ampla' com a variante coloquial 'a casa que ela mora é ampla'; 'tenho um amigo cujo pai é marceneiro' com a variante coloquial 'tenho um amigo que o pai (dele) é marceneiro').

Os advérbios relativos são *onde, quando* e *como,* necessariamente referidos a um antecedente:

300. "Ninguém pensava mais no modo *como* o negro se escafedera..." (Nava, 1973b, p.130)
301. "Antes de cruzar a rua, vislumbrei uma igreja protestante à esquerda, *onde* estavam alguns policiais." (Gabeira, 1981, p.144)
302. Deixaram na cerca uma brecha por *onde* a onça conseguiu escapar
303. "... terminávamos nossa conversação em inglês, exatamente como fazíamos no princípio, *quando* ainda não éramos íntimos." (Gabeira, 1981, p.143)
304. "... os moradores só vinham à cidade aos domingos e dias de festa, *quando* compareciam às cerimônias religiosas." (Viotti, 1985, p.202)

A ocorrência de transpositor anafórico em SPrep é fato exclusivo dos usos formais da língua, tanto falados como escritos. A única exceção parece ser a forma *donde* (de + onde), tipicamente coloquial (aquela é a moita *donde* saiu a onça).

305. "Pela quantidade e qualidade do material existente assinado pelos advogados, bem se pode avaliar a imensidão da tarefa *a que* se dedicavam com denodo." (Mota, 1982, p.202)
306. "Suzana, flor de agosto, filha minha muito amada, *para quem* eu cantei meus mais sentidos cantos e *sobre cujo* pequenino rosto adormecido despetalei as mais lindas pétalas do meu carinho." (Morais, 1986, p.611)
307. "Eu admirava, da ponte de Cocotá, a agilidade *com que* ele, numa escalada de macaco, subia as estacas mais altas ..." (Morais, 1986, p.681)

As funções frequentes do pronome relativo 'que' são as de sujeito e objeto; eventualmente funciona como predicador (ex.308).

308. "... quando fico triste, triste... só quero reencontrar o menino *que* já fui." (Nava, 1973b, p.301)

Empregado como pronome relativo, *quanto* tem por antecedente o pronome quantificador *tudo/todos:*

309. "Brandônio, seu interlocutor nos *Diálogos das grandezas do Brasil*, não acha melhor resposta, em dado momento, do que retomar, sem hesitação, *tudo quanto* de maravilhoso tinham escrito sobre a terra os viajantes antigos." (Hollanda, 1977, p.245)

Há ainda que registrar duas construções com pronome relativo, singulares pela estrutura da unidade que se segue ao pronome: infinitivo nos exemplos 310 e 311, e verbo a que o pronome não vem ligado sintaticamente (312).

310. "... o objetivo desta narrativa é tecer um sumário pano de fundo histórico contra o *qual apresentar* oportunamente os macabros eventos daquela sexta-feira 13 ..." (Veríssimo, 1975, p.30)
311. "Se todos os documentos congêneres e coevos foram feitos assim, existe, aí por esses arquivos e cartórios do Brasil, material *com que substituir* os livros de entradas de negros que o Conselheiro Rui Barbosa mandou queimar ..." (Nava, 1973b, p.136)
312. As frutas *que ela pediu que comprássemos* não eram da estação

Nos enunciados 310 e 311, o infinitivo tem um valor modal, equivalente a 'se possa + infinitivo' (contra o que *se possa* apresentar, com que *se possa* substituir). Em 312, a oração adjetiva compreende, de fato, todo o segmento assinalado, onde o 'que' é objeto de *comprássemos.*

• *Coordenação de sintagmas adjetivos*

Coordenam-se orações adjetivas quando modificam um antecedente comum:

313. "É preciso considerar esse fato para se compreenderem exatamente as condições *que ... nos governaram até muito depois de proclamada nossa independência* e *cujos reflexos não se apagaram ainda hoje.*" (Hollanda, 1976, p.41)

O antecedente comum 'condições' é modificado pelas orações adjetivas coordenadas por 'e'.

Frequentemente a oração adjetiva vem coordenada a um modificador não oracional:

314. "Ideia desprovida de valor moral, antes *criminoso,* mas *que revelava subitamente toda a originalidade daquele espírito excepcionalmente bem-dotado.*" (Andrade, 1973, p.879)
315. "Não é por simples coincidência cronológica que um período de *excepcional vitalidade nos negócios* e *que se desenvolveu sob a direção e em proveito de especuladores geralmente sem raízes rurais,* tenha ocorrido nos anos que se seguem ..." (Hollanda, 1976, p.42)

Em 314, o 'mas' coordena o SAdj 'criminosa' à oração adjetiva seguinte; em 315 a oração adjetiva vem coordenada pelo 'e' ao SPrep 'de excepcional vitalidade nos negócios'.

b) O sintagma preposicionado (SPrep)

Os sintagmas preposicionados resultam de transposição operada por preposição simples ou composta (*com* os amigos, *sem* açúcar, *por* mares não navegados, *por sobre* as ondas, *para com* os convidados, *con*tigo). São formados por preposição + SN ou por preposição + SAdv (até ontem, desde muito cedo, notícias de hoje, moradores daqui). Podem funcionar como predicadores, quando no predicado vêm introduzidos pelo transpositor SER, ou como modificadores, que podem ser verbais, nominais, adjetivais, adverbiais ou oracionais.

Tradicionalmente atribuem-se aos SPreps funções variadas (adjunto adnominal, complemento nominal, adjunto adverbial, objeto indireto, complemento relativo, complemento circunstancial, agente da passiva). Na verdade, essas funções correspondem a distinções baseadas em critérios heterogêneos e inconsistentes (vide adj. adnominal *versus* complemento nominal, complemento nominal *versus* agente da passiva, adjunto adverbial *versus* complemento circunstancial). Em V.2, já comentamos algumas dessas dificuldades. Agora vou me deter na distinção entre complemento nominal e adjunto adnominal.

Comparemos os modificadores nominais abaixo:

316. A opinião *de quem testemunhou o fato* é importante
317. Era unânime a opinião *de que o réu estava inocente*
318. A fuga *do presídio* foi cinematográfica
319. A fuga *dos assaltantes* foi cinematográfica

Tradicionalmente, seriam considerados 'adjuntos adnominais' os SPreps destacados em 316 e 319, e 'complementos nominais' os destacados em 317 e 318. Em que se baseiam os gramáticos para estabelecer esta distinção? Alguns alegariam que, tomando-se o verbo *opinar* como base derivacional do substantivo *opinião*, 'quem testemunhou o fato' seria seu 'sujeito' e 'que o réu está inocente' seu objeto. A distinção entre o adjunto e o complemento se basearia nessa distinção de papéis semânticos preservada nos SPreps. Isto é verdade, mas não quer dizer que a diferença semântica esteja sintaticamente estruturada. Buscar o fundamento da distinção na relação semântica entre aqueles constituintes e os verbos 'opinar' e 'fugir' é reafirmar que a diferença é semântica sem provar que ela é também sintática. Que dizer, por exemplo, dos SPreps destacados em 'uma serenata *ao luar*', 'uma viagem *ao Oriente*', 'o frango *ao molho pardo!*'? É possível distingui-los sintaticamente em função dos significados 'lugar onde', 'direção' e 'modo', respectivamente? Se *sua* e *cuja* não são 'complementos nominais' em 320 e 321.

320. Ficamos acordados à *sua* espera
321. Esta é uma vacina *cuja* descoberta vai revolucionar a medicina por que o haveriam de ser *da vacina* e *do ano-novo* em 322 e 323?
322. A descoberta *da vacina* trouxe alívio a milhares de pessoas
323. Ficamos acordados à espera *do ano-novo*

c) O sintagma adverbial (SAdv)

O sintagma adverbial tem por núcleo um *advérbio* e pode estruturar-se de forma paralela ao SAdj, já que alguns advérbios podem vir precedidos de determinante (muito *tarde*, bastante *depressa*, um pouco *longe*, nada *mal*, bem *ali*), precedidos de modificador (estupendamente *bem*, incrivelmente *longe*) ou seguidos de modificador (*longe* da cidade, *depois* do almoço, *além* do horizonte, *posteriormente* ao encontro, *atrás* da porta).

Tal como o SAdj, o SAdv pode servir de *predicador* ou de *modificador*. Como predicador, vem introduzido pelo transpositor SER (O acidente foi *aqui*, A inauguração será *amanhã*, Ainda é *cedo*, Não seja *assim*.) Como modificador, pode funcionar junto à oração (*Devagar* se vai ao longe, *Naturalmente*, eles foram pescar. *Talvez* eles possam vir), junto ao verbo (Eles conversaram *demoradamente*, Estamos morando *aqui*), junto ao adjetivo (*levemente* feridos, *estupidamente* gelada), junto ao substantivo (os exemplos *acima*, um cafezinho *agora*), junto a outro advérbio (*incrivelmente* longe, *estupendamente* bem).

A) O SAdv em -mente

O sufixo *-mente* caracteriza sintagmas adverbiais que funcionam como modificadores de dois tipos principais: *modalizadores* e *circunstancializadores*. Os primeiros podem vir modificando uma oração (*Francamente*, não entendi a sua atitude. *Decididamente*, você não tem jeito), um SV (Eles se embebedaram *visivelmente*. Ela dança *admiravelmente*), um SAdj (Eles estão *visivelmente* bêbados. Eles estão *praticamente* desclassificados), um SPrep (Ele fez o percurso *praticamente* em duas horas. Fiquei *completamente* sem dinheiro), ou ainda outro advérbio (Ela fala *impressionantemente* rápido.)

Os circunstancializadores modificam o SV (Eles fazem as acrobacias *suavemente*. Ela entrou *abruptamente*. Ela se arrependeu *amargamente*).

Seguem-se exemplos tomados à língua escrita:

324. "*Realmente*, é a sublime indiferença das árvores... que lhes confere essa dignidade vegetal a que *inutilmente* aspiramos." (ANDRADE, 1973, p.799)
Modalizadores ambos, o primeiro modifica a oração, o segundo o SV.

325. "*Britanicamente* entediados, fechavam a boca que só dava entrada ao charuto e saída para a respectiva fumaça." (Machado, 1976, p.239) Modalizador, modifica o SAdj.
326. "Ali arrumava *cuidadosamente* seus pertences..." (Morais, 1986, p.579) Circunstancializador.
327. "Sentimos que era preciso morar *longamente* nesse bojo imenso." (Braga, 1963, p.45) Circunstancializador.

Alguns advérbios em *-mente*, quer em função modalizadora, quer em função circunstancial, recebem um modificador sob forma de SPrep (*posteriormente* ao concurso, *independentemente* da minha vontade, *relativamente* ao crime, *juntamente* com os papéis).

B) SAdv e transposição: as orações adverbiais

Formam-se por transposição os SAdvs oriundos de orações. O instrumento dessa transposição são as *conjunções*. O outro tipo de transposição adverbial é o que constitui o gerúndio.

Chamam-se tradicionalmente 'orações adverbiais' os SAdvs transpostos por intermédio de conjunção. As seguintes orações adverbiais – em grifo nos exemplos – se distinguem das *adjetivas* e das *substantivas* por sua maior flexibilidade posicional no contexto do período.

328a. O tatu sai em busca do alimento *quando anoitece*
328b. *Quando anoitece*, o tatu sai em busca do alimento
328c. O tatu sai, *quando anoitece*, em busca do alimento
329a. Se *a chuva aumentasse*, o rio certamente alagaria a cidade
329b. O rio certamente alagaria a cidade, *se a chuva aumentasse*
329c. O rio, *se a chuva aumentasse*, certamente alagaria a cidade

Nos exemplos acima, os períodos são constituídos de uma oração-base modificada pela oração adverbial. A oração adverbial ocorre livremente antes ou depois da oração-base e em algumas fronteiras sintagmáticas no interior dela.

As orações adverbiais acham-se à margem da oração-base, que subsiste sintaticamente sem elas. Semanticamente, exprimem circunstâncias e/ou modalidades diversas relativamente ao conteúdo da oração-base: *tempo* (circunstância) e *condição* (modalidade), respectivamente nos exemplos 328a e 329a, *causa, oposição, finalidade, resultado* etc.

A apresentação das orações adverbiais nas gramáticas tradicionais ressente-se, contudo, da falta de um critério que leve em conta propriedades formais, distribucionais ou semânticas[9]. Formalmente, não se tem ido além da distinção entre *desenvolvidas* e *reduzidas, conectivas* e *justapostas.* Rocha Lima (LIMA, 1976, p.246-58) comenta algumas das suas possibilidades distribucionais relativamente à oração-base. Por outro lado, ressalvado o esforço de Evanildo Bechara (BECHARA, 1976, p.128-44) para identificar certas afinidades de sentido entre as orações adverbiais, nenhum gramático as agrupou em função de suas propriedades semânticas. Normalmente elas são distribuídas em ordem alfabética, o que – é óbvio – nada esclarece sobre suas propriedades linguisticamente relevantes. Ainda assim, encontram-se nos trabalhos de Bechara e de Said Ali observações preciosas sobre as propriedades semânticas de alguns conectivos.

De nossa parte, acreditamos que os conteúdos expressos pelas orações adverbiais distribuem-se por cinco grupos caracterizados, cada um, por um sentido genérico fundamental: (a) situação/movimento, (b) cau sa, (c) modo, (d) constraste e (e) resultado.

• *Situação/movimento*

Pertencem a este grupo as orações que exprimem as circunstâncias de *tempo* e de *espaço* referidas ao conteúdo da oração-base. São elas as *temporais* e *proporcionais* (tempo) e as *locativas* (espaço).

330. *Quando chega o verão,* as praias inflamam de turistas (tempo)
331. *À medida que se aproxima o verão,* as praias recebem mais turistas (tempo)
332. Eles só vão armar a barraca *onde não haja poluição* (espaço)

As circunstâncias de tempo e espaço acham-se estreitamente relacionadas, tanto que se exprimem geralmente por meio das mesmas preposições: 'estamos *em junho*' (situação no tempo), 'estamos *em Petrópolis*' (situação no espaço), 'eles trabalham *de sol a sol*' (movimento no tempo),

[9] GARCIA, 1976, deu uma fundamental contribuição nesse sentido. Seu trabalho não é, contudo, uma gramática do português, e o método usado privilegia a análise das relações de sentido, seja por meios sintáticos, seja por meios lexicais.

'eles voaram *de Minas a Brasília*' (movimento no espaço). Por sua vez, a proporção representa a relação entre processos que se desenrolam no tempo em ritmo simétrico.

Os conectivos 'quando' e 'onde' exprimem, respectivamente, situação no tempo e no espaço. 'Agora que' também exprime situação no tempo, mas seu papel dêitico, que o vincula à circunstância temporal da enunciação, faz dele um conectivo peculiar. Todos os demais designam movimento no tempo e caracterizam variações aspectuais do processo verbal expresso na oração-base.

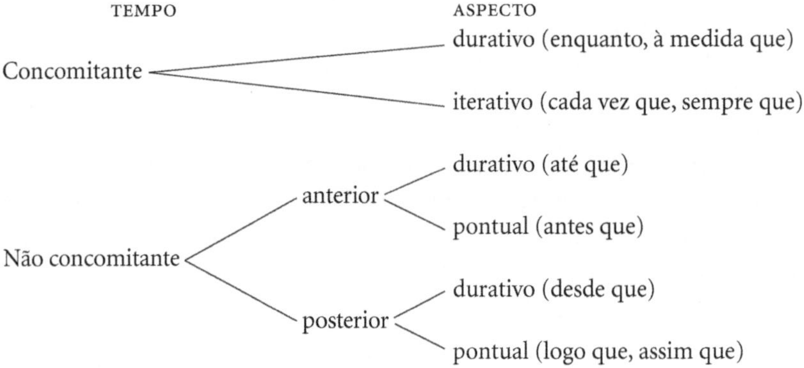

Exemplos:

333. O palhaço ri *enquanto o circo pega fogo* (concom./durativo)
334. Os moradores retornam à cidade *à proporção que os mosquitos são exterminados* (concom./durativo)
335. As crianças riem *cada vez que o palhaço dá uma cambalhota* (concom./iterativo)
336. Eles esconderam-se no sótão *até que a guerra acabasse* (anterior/durativo)
337. Eles esconderam-se no sótão *antes que pudessem ser descobertos* (anterior/pontual)
338. Eles vivem na capital *desde que receberam a herança* (posterior/durativo)
339. Eles se mudaram para a capital *assim que receberam a herança* (posterior/pontual)

A conjunção 'quando' é neutra quanto às oposições *concomitante* × *não concomitante* e *durativo* × *pontual*. Por isso mesmo, é a conjunção temporal mais frequente. 'Depois que' é neutra quanto à oposição *durativo × pontual:*

340. Eles vivem na capital *depois que receberam a herança* (posterior/durativo)
341. Eles se mudaram para a capital (logo) *depois que receberam a herança* (posterior/pontual)

Veja-se nos exemplos abaixo a polivalência de 'quando':

342. Ela só entrou na sala quando eu saí (posterior)
343. Eles estavam lá quando eu cheguei (anterior)
344. Pule quando eu disser 'já' (posterior)
345. Nós moramos lá quando a estrada era de barro (concomitante)

• *Causalidade*

Nos exemplos abaixo, o conteúdo proposicional da oração destacada é tomado como a razão ou motivo – real, admitido, suposto ou hipotético – do conteúdo da oração-base.

346. O barco virou *porque ventava muito* (motivo real)
347. *Se o cão era feroz,* você devia prendê-lo (razão admitida)
348. Ela não casou com ele *porque o amasse,* mas por imposição da família (motivo suposto)
349. *Se vocês virem esse filme,* tenho certeza que vão gostar (motivo hipotético)

A oração-base, porém, nem sempre declara um fato; ela pode ser a expressão de vários outros 'atos de fala' (cf. VII.1a), como 'perguntar', 'ordenar', 'pedir', 'inferir' etc. Nesses casos, a oração adverbial é tomada como a razão ou motivo desses mesmos atos. "É linguagem usada sobretudo nas argumentações" (Ali, 1965, p.136).

350a. *Se você conhecia a passagem secreta,* por que não nos disse?
351a. *Já que ela prefere a solidão,* vamos deixá-la só
352a. *Se não há vinho,* brindem com água
353a. Já é chegado o outono, *porque as folhas começam a cair*

O enunciado 353a contém uma inferência (Já é chegado o outono) e sua razão. Obviamente, a 'queda das folhas' não é a causa da 'chegada do outono', mas a razão da inferência. A inferência, a ordem, o pedido, a pergunta são modalidades que fazem parte do significado total das frases, ao qual são referidas as orações adverbiais. Comparem-se as frases seguintes às anteriores para notar a sinonímia:

350b. Se você conhecia a passagem secreta, *pergunto* por que não nos disse
351b. Já que ela prefere a solidão, *proponho* que a deixemos só
352b. Se não há vinho, *ordeno* que brindem com água
353b. Como as folhas começam a cair, *concluo* que o outono já é chegado

Nestas variantes o ato de fala vem explicitado na forma verbal.

Tradicionalmente classificam-se como causais as orações adverbiais em 346, 348, 351a, 351b e 353b; como condicionais as de 347, 349, 350a, 352a, 350b, 353b. A fronteira entre causa e condição é, porém, indefinida, ficando a distinção patente apenas nos pontos extremos: fato/realidade × hipótese/irrealidade. Vejamos:

354. Se você prefere ficar em casa, então fique (condição)
355. Já que você prefere ficar em casa, então fique (causa)

As conjunções 'já que' e 'se' denotam uma tomada de posição do enunciador relativamente a uma informação que recebeu de uma outra pessoa (isto é, do interlocutor que lhe diz 'quero/prefiro ficar'). Há uma sutil diferença de modalidade, conforme se mostra abaixo.

356a. Se ele também é candidato, a oposição vai ficar dividida (causa admitida)
356b. Já que ele também é candidato, a oposição vai ficar dividida (causa real)
357a. Se ele se candidatar também, a oposição vai ficar dividida (causa hipotética)

Em 356a o enunciador foi informado da candidatura, mas deixa entrever na escolha da conjunção 'se' que não assume a informação como fato consumado, mas sujeito a dúvida. 356b parece encerrar a consciência do fato ou, pelo menos, sua aceitação como algo de que já não se tem dúvida. Em 357a, entretanto, a candidatura não é mais que o objeto de uma hipótese.

A condição exprime-se em três graus de hipótese segundo as especificações modo-temporais dos verbos: grau mínimo com as formas do indicativo, médio com as formas do futuro do subjuntivo, e máximo com as formas do pretérito imperfeito do subjuntivo. Comparem-se:

356a. Se ele também é candidato, a oposição vai ficar dividida
356c. Se ele também for candidato, a oposição vai ficar dividida
356d. Se ele também fosse candidato, a oposição ia ficar dividida

356a pressupõe que 'ele é candidato', 356b pressupõe que 'ele pode ser candidato' e 356c pressupõe que 'ele não foi candidato'.

Nas orações causais, o verbo assume, em geral, a forma indicativa; com a conjunção 'como' pode ocorrer indicativo ou subjuntivo.

358a. Como já *era* noite (ou '*fosse* noite'), decidimos encerrar a reunião

O subjuntivo, porém, tem ampla preferência quando se nega uma causa em favor de outra, explícita ou implícita, como 348 e 348b:

348. Ela não se casou com ele *porque o amasse*, mas por imposição da família
348b. Ela se casou com ele, não *porque o amasse*, mas por imposição da família

A escolha entre as várias conjunções da relação da causalidade obedece ao princípio da 'força argumentativa', com que o enunciador procura controlar os acontecimentos ou intervir neles através do discurso. 'Contanto que', 'desde que' são mais incisivos do que *se*. Por isso mesmo, quando se quer tornar incisiva a condição com 'se', emprega-se o 'só'. Comparem-se:

359a. Eles entrarão no baile *contanto que* paguem o ingresso
359b. Eles entrarão no baile *desde que* paguem o ingresso
360a. Eles *só* entrarão no baile se pagarem o ingresso
360b. Eles entrarão no baile *só se* pagarem o ingresso

A escolha entre *como* e *porque*, e a consequente mudança de posição da oração causal, parecem também obedecer a esse princípio:

358a. Como já era noite (ou 'fosse noite'), decidimos encerrar a reunião
358b. Decidimos encerrar a reunião porque já era noite

A causa é realçada em 358a. A exemplo de 360a e 360b, pode-se dar realce à causa em 358b por meio de 'só':

361a. *Só* decidimos encerrar a reunião porque já era noite
361b. Decidimos encerrar a reunião *só* porque já era noite

• *Modo*

As orações deste grupo expressam dois conteúdos cuja afinidade vem ilustrada em 362 e 363:

362. Eles trabalham na fábrica como declararam
363. Eles trabalham na fábrica, como declararam

Em 362, 'como declararam' equivale a uma caracterização do predicado 'trabalham na fábrica', e pode dar lugar a 'de uniforme', 'em más condições', 'dedicadamente', modificadores que denotam *modo* de trabalhar. Este 'como' é modal.

Em 363, a construção de 'como' refere-se a uma conformidade entre o dado da realidade e o conteúdo da enunciação verbal. 363 pode ser parafraseado por 'Eles declararam que trabalham na fábrica, o que é verdade'. Este 'como' é *conformativo.*

Há entre essas duas construções de 'como' duas importantes diferenças: uma, semântica, a que nos referimos, e outra, sintática. A construção modal integra o predicado e descreve o modo pelo qual se manifesta o conteúdo desse predicado; a construção conformativa integra o período e tem a seu lado a oração-base, à qual modifica à maneira de um modalizador, como *aparentemente, de fato* etc.

364. *Conforme declararam,* eles trabalham na fábrica
365. *De fato,* eles trabalham na fábrica
366. *Segundo parece,* a fase das chuvas já passou
367. *Aparentemente,* a fase das chuvas já passou

As orações modais não têm a mobilidade típica das orações adverbiais; o deslocamento de 'como declararam' só é possível na interpretação conformativa, de 363.

Em gramáticas escritas ainda no início deste século, essas orações foram chamadas de 'modais'. Com a Nomenclatura Gramatical Brasileira, umas passaram a chamar-se 'conformativas' e outras 'comparativas'. Alguns exemplos dados por Bechara, Celso Cunha e A.G. Kury, contudo, não deixam ver clara a diferença entre umas e outras: 'Conseguiu fazer o trabalho, *como lhe ensinaram*' (conformativa, segundo Bechara), "Não lhe restava senão uma esperança: a de morrer rodeado dos entes que amava, cercado de sua família, *como um fidalgo português devia morrer, com honra e coragem*" (conformativa, segundo Celso Cunha), "Eu deixo a vida *como deixa o tédio/ Do deserto o poento caminheiro*" (comparativa, segundo A.G. Kury).

De fato, o caráter comparativo de muitas dessas construções é uma particularização da ideia geral de 'modo', como se depreende dos pares abaixo:

368. Ele nada como um peixe (cf. Ele nada velozmente)
369. Eles dançam como quem flutua (cf. Eles dançam com muita leveza)

Sensível aos problemas gerados pelo abandono da classe das 'modais', A.G. Kury, após comentar a redistribuição daquelas orações segundo a orientação da NGB, assinala que há um grupo de orações que só podem ser classificadas como 'modais': "as orações desenvolvidas com a locução *sem que*, ou as suas equivalentes reduzidas de infinitivo com a preposição *sem:* 'Em casa estudo à vontade, *sem que ninguém me perturbe*'; 'Cavalguei *sem dizer palavra.*" (Kury, 1985, p.101)

De qualquer modo, Kury não chega a restabelecer o grupo amplo das 'modais'; comparativas e conformativas constituem, também segundo ele, classes distintas, se bem que às vezes confundíveis: "Se o *como* for substituível por *conforme*, a oração será conformativa; e será comparativa quando o *como* corresponder a *assim como, qual.*" (Kury, 1985, p.97)

Cremos, porém, que a simples comutação com *conforme* é pouco esclarecedora, pois também esta conjunção pode adquirir valor comparativo, como no exemplo dado por Luft para as conformativas: "Conforme é o pássaro, assim é o ninho." (Luft, 1986, p.61)

Pensamos que devemos limitar a classificação de conformativas a orações que possam ser deslocadas para antes da oração-base sem os suportes correlativos do tipo 'assim como... assim...', exclusivos da comparação.

• *Contraste*

Há uma grande variedade de meios para estabelecer contraste de sentido entre as proposições unidas no mesmo período. Pode esse contraste ficar por conta do jogo de antônimos ou de palavras tomadas em sentido oposto relativamente a uma dada situação: 'O que escrevemos *fica*, o que falamos *evapora-se*'. Frequentemente, porém, recorre-se a fórmulas conectivas diversas, como as exemplificadas a seguir e que optamos por reunir neste grupo:

370a. Os cometas têm luz própria, *enquanto* (*que*) os planetas a recebem do Sol
371. Renata dançava e praticava esportes, *ao passo que* Luísa investia seu tempo em leitura e meditação
372. Nossa equipe seria desclassificada, *mesmo que* derrotasse a adversária por ampla diferença de pontos
373. Ele receberá a herança *sem que* prove ser filho do finado
374. Vocês deveriam apoiá-la *em vez de* lhe fazerem críticas tão duras
375. "É curioso como quase não se veem bichinhos mortos, *quando* eles morrem às pamparras." (Morais, 1986, p.610)

O conteúdo dos SAdvs introduzidos pelos subordinantes destacados contrasta de algum modo com o das orações-base. Em 372 e 373 temos SAdvs *concessivos;* nos restantes, *contrastivos.*

Os sintagmas introduzidos por 'em vez de', que é uma locução prepositiva, sempre apresentam forma infinitiva. Empregam-se, contudo, no modo indicativo os verbos das orações contrastivas introduzidas por 'ao passo que' e 'enquanto (que)', conjunções cujo valor é o mesmo do coordenante 'mas'. Trata-se, sem dúvida, de construções situadas no limite entre subordinação e coordenação. Em todo o caso, consideramo-las adverbiais por causa da mobilidade que desfrutam.

370b. *Enquanto* (*ao passo que*) os planetas recebem luz do Sol, os cometas a têm própria

Por outro lado, os verbos das orações introduzidas por *embora, ainda que, mesmo que, sem que, conquanto, posto que* assumem forma subjuntiva. *Se bem que* constrói-se normalmente com subjuntivo, mas admite indicativo se a oração que introduz se pospõe à oração-base. *Apesar de que* ocorre com indicativo.

376. Decidimos enfrentar o inimigo, *se bem que* ele estivesse melhor armado
377. Decidimos enfrentar o inimigo, *se bem que* (ou 'apesar de que') ele estava melhor armado

As concessivas hipotéticas de qualquer grau (cf. as 'condicionais') vêm normalmente introduzidas por 'ainda que' ou 'mesmo que':

378. Você não deve ir a essa festa *ainda que* (ou 'mesmo que') tenha sido convidado

Em 378 o enunciador tem dúvida sobre a formulação do convite, mas não em 379:

379. Você não deve ir a essa festa, *embora* (ou 'não obstante') tenha sido convidado

• *Variações enfáticas da estrutura concessiva*

(a) Concessivas intensivas
Estas construções, que Ali chamou 'concessivas intensivas', realçam o contraste entre a intensidade expressa na oração adverbial e o conteúdo da oração-base.

380. *Por mais esperto que ele seja,* não nos enganará de novo
381. *Por pouco que se esforçasse,* ele ganharia a prova
382. *Por velho que esteja,* seu Antônio ainda faz bem um roçado

(b) correlação concessiva
Realça-se adicionalmente o contraste, reiterando-o na oração-base por meio dos advérbios *entretanto* (e sinônimos), *ainda assim, assim mesmo* etc.

383. Por pouco que se esforçasse, *ainda assim* ele ganharia a prova
384. Embora tivessem direito às diárias, não fizeram, *todavia,* questão de reivindicá-las

(c) reduplicação concessiva
Realça o tom categórico do conteúdo da oração-base.

385. *Doa a quem doer,* esta denúncia tem de ser feita
386. *Aceitemos ou não (aceitemos),* a opinião dele prevalecerá

• *Resultado*

Para indicar que o conteúdo de uma oração depende ou decorre do conteúdo de outra, podemo-nos valer de conectivos que denotem:

(a) conclusão

387. A fábrica está apitando; *logo,* é hora do almoço

388. Os trabalhadores receberam os salários, *de modo que*, provavelmente, suspenderão a greve

(b) efeito/resultado

389. Não matarás um inocente, *sem que* despertes a ira dos deuses
390. Aquela equipe era tão boa *que* merecia ser campeã
391. Eles estão trabalhando muito *para* se contentarem com esse salário de fome

(c) finalidade

392. O Presidente tem que renunciar *para que* o povo decida, pelo voto, a sorte do país
393. *A fim de* espantar o sono, puxei conversa com um passageiro

São subordinantes os conectivos assinalados em 389-393; em 387 e 388 há coordenação.

As orações finais, únicas que podem preceder a oração-base, denotam um efeito visado, uma intenção, e nisso diferem das consecutivas, que sempre se colocam após a oração-base e denotam um efeito contingente, não intencional. Tal diferença pode ser percebida entre orações introduzidas pelo mesmo conectivo. Compare-se 391 e 394:

394. Eles estão trabalhando muito para compensar os dias parados

Somente as orações finais admitem a 'focalização' por meio de *só, ser que, apenas*:

394b. Eles *só* estão trabalhando muito para compensar os dias parados
394c. *É* para compensar os dias parados *que* eles estão trabalhando muito
394d. Para compensar os dias parados *é que* eles estão trabalhando muito

Quando em forma finita, o verbo da oração final ocorre necessariamente no subjuntivo. Na oração consecutiva, o verbo fica geralmente no indicativo, mas assume forma subjuntiva se o verbo da oração-base vier negado.

395. Não matarás um inocente, *sem que despertes a ira dos deuses*
396. Aquela equipe não era tão boa, *que merecesse o título de campeã* ou se for introduzida por 'para que'
397. "... bastou que certa massa de ar se deslocasse de maneira abrupta *para que nossa calma, nossa segurança* e *mesmo nossa vida se vissem ameaçadas...*" (Andrade, 1973, p.993)

C) As construções gerundiais

Os sintagmas adverbiais que têm por base um gerúndio ocorrem no enunciado, assim como outros SAdvs, nos papéis de modalizador e de circunstancializador. Como modalizadores, constituem às vezes expressões um tanto cristalizadas de encadeamento do discurso: '*Pensando bem,* essa chuva até que veio na hora certa', '*Mudando de assunto,* a sua irmã já se casou?', '*Parafraseando Pascal,* o coração dá motivos de sobra para uma loucura dessas'. Nesses exemplos, o SAdv modifica a oração que se segue.

Os circunstancializadores modificam orações ou predicados. Os primeiros, denotando em geral *tempo, causa, concessão, condição* ou *meio,* normalmente precedem a oração que modificam; outros tendem a exprimir *oposição, adição, consequência, modo,* e se posicionam de preferência após o verbo.

Há ainda gerúndios que modificam sintagmas nominais, a exemplo do que se passa em 'a festa aqui', 'o exemplo abaixo' etc. Trata-se de modificadores nominais que, a exemplo dos SAdjs, podem ter valor restritivo ou não restritivo.

• *Modificadores nominais*

(a) restritivos

398. "... um fonógrafo de larga trompa onde se arranhavam os primeiros discos – que traziam aquela figura do cachorro *reconhecendo* 'his master's voice'." (Nava, 1973a, p.61)
399. "... recuei de horror e nojo diante da massa peluda, pegajosa, estufada, sem nome e *fervilhando* da vida de mil vermes dentro da orquestração das moscas *zumbindo.*" (Nava, 1973a, p.62)

(b) não restritivos

400. "Uma nova lista de preços da Sunab, *corrigindo* alguns muito altos, será divulgada até sábado." (*Jornal do Brasil,* 23.06.87)
401. "Achou logo um cipó bem forte, *pedindo* para ser usado na caça." (Andrade, 1977, p.58)

402. "... a uma Europa tumultuada, *oscilando* entre a liberalização e o autoritarismo, correspondia uma fase de relativa elaboração democrática nos Estados Unidos da América do Norte." (MOTA, 1982, p.19)

• *Modificadores verbais*

403. "Tudo ia *correndo* bem." (SABINO, 1979, p.71)
404. "Ora, eu estava assim um dia, *sonhando,* de olhos abertos... quando o ar de nossa sala foi cortado pelo voo da gaivota..." (NAVA, 1973a, p.64)
405. "Corri à janela e na rua deserta e cheia de sol, vi minha prima Amair *apressando* os passos, *deixando* nossa calçada e *atravessando* a rua em direção de sua casa." (NAVA, 1973a, p.65)
406. "Eu vi um túmulo se fechar e, *correndo* para o teu lado, uma mulher de blusa aberta." (MACHADO, 1976, p.162)
407. "A tão sublime doideira, os poderes constituídos responderam com providências enérgicas, *lançando* os gêmeos do alto de um penedo." (ANDRADE, 1977, p.106)
408. "Tateei o couro cabeludo, *forcejando* por descobrir lá embaixo as suturas e as saliências." (RAMOS, 1976, p.180)

O valor genérico desses gerúndios é 'modo'. Modificadores verbais, já que integram o SV, esses gerúndios se referem a SNs que funcionam como sujeito ou como objeto (exceto, obviamente, nas orações sem sujeito, como 'Está chovendo'). Observe-se a semelhança deles com os SAdjs: 'Ele vive *sonhando*/Ele vive *doente*', 'Encontrei-a *chorando*/Encontrei-a *feliz*'.

Também modificadores verbais, as construções gerundiais dos exemplos seguintes exprimem *oposição* (409), *adição* (410 e 411) e *consequência* (412 e 413).

409. "Amo a vista dos homens, *tendo* tédio de sua companhia." (NAVA, 1973a, p.63)
410. "Os demais conjurados desfilavam, agrilhoados, *desaparecendo* pela saída dos fundos." (SABINO, 1979, p.72)
411. "E como ventasse de maneira esquisita, pareceu-me que qualquer resolução já havia sido tomada, tanto assim que um de meus antepassados vinha chegando, *ouvindo-se* bem os seus passos." (MACHADO, 1976, p.100)
412. "As rajadas aumentavam *empurrando-me* para o espaço." (MACHADO, 1976, p.29)

413. "... pressurosos, ... embarcaram todos no carro e partiram numa nuvem de pó, *deixando* o soldado no meio da estrada com a preciosa pasta." (Sabino, 1979, p.132)

É natural que às vezes não se distingam com toda a clareza as noções de *causa* e *condição, causa* e *tempo, adição* e *consequência, meio* e *modo.* Na expressão da anterioridade de um fato a outro, o contexto ou o conhecimento da realidade pode 'recomendar' uma interpretação causal, condicional ou temporal; da mesma forma, a concomitância dos fatos pode privilegiar uma interpretação modal ou de meio, e a subsequência de um fato a outro permite que nessa relação se perceba uma simples adição ou uma consequência.

414. "Mas, *estando* meio de lado, calculou mal a distância e, *errando* a pontaria, acertou em cheio na cara do preto." (Sabino, 1979, p.61)
415. "Não me *considerando* bastante seguro na rede, ergui-me trôpego." (Ramos, 1976, p.41)
416. "Não *havendo* outros recursos para assegurar a receita do município..., mobilizaria uma fonte latente de riqueza através da troca..." (Sabino, 1974, p.101)
417. "*Sendo* a literatura fenômeno socializante por excelência, contudo permanece fenômeno individual quanto à produção." (Andrade, 1973, p.843)
418. "... é fora de dúvida que lhe são familiares os grandes modelos da comédia; mas a verdade é que, *possuindo* valiosos recursos, o autor não os emprega em obras de superior quilate." (Assis, 1962, p.883)
419. "*Descendo* à cidade, José Maria comprou malas, preveniu passagens" (Machado, 1976, p.43)
420. "*Mastigando* as palavras, *gaguejando, gemendo* uma cantilena medonha, indiferente à pontuação, *saltando* linhas e *repisando* linhas, alcancei o fim da página, sem ouvir gritos." (Ramos, 1976, p.195-6)

Os gerúndios de 414-420 funcionam como SAdvs modificadores de oração. Os exemplos 414 e 415 expressam *causa,* 416 expressa *condição,* 417 e 418 contêm gerúndios *concessivos,* 419 exprime *tempo* e 420, *meio.*

D) As construções intensivas

A quantificação incidente sobre o conteúdo de verbos, adjetivos, advérbios e nomes pode coocorrer com certas expressões correlatas que exprimem *comparação* ou *consequência.*

421a. Ana chorou *muito*
421b. Ana chorou *tanto que seus olhos incharam*
422a. Carlos comeu doces *em quantidade*
422b. Carlos comeu *mais* doces *do que eu*
423a. Godofredo está *bastante* sóbrio
423b. Godofredo está *bastante* sóbrio *para dirigir*
424a. Ele fala *excessivamente* devagar
424b. Ele fala *tão* devagar *que* me *dá sono*

Nos exemplos *b* ocorrem expressões comparativas ou consecutivas correlatas aos quantificadores. Os quantificadores são SAdvs (421a e 421b), SPrep (422a), Dets (422b, 423a, 423b, 424b) ou Mod (424a) e formam ao lado do verbo (421a, 421b e 422a) o SV e ao lado do substantivo (422b), do adjetivo (423a e 423b) ou do advérbio (424a e 424b), respectivamente o SN, o SAdj e o SAdv. A construção resultante da união de um desses três sintagmas e o V é também um SV, que vem seguido, em um SV mais amplo, do modificador de valor comparativo ou consecutivo. Os diagramas abaixo permitem visualizar essa hierarquia.

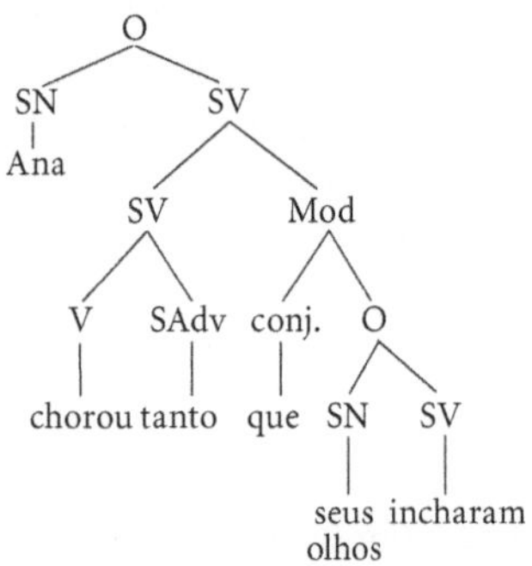

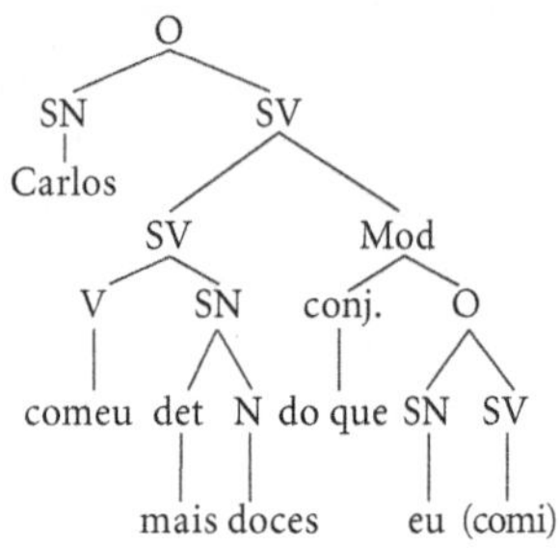

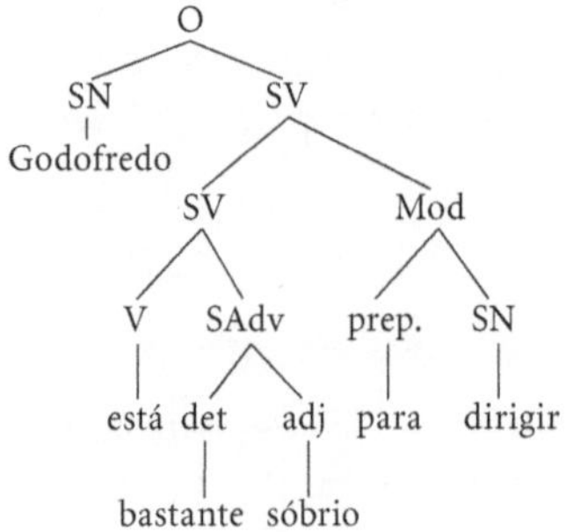

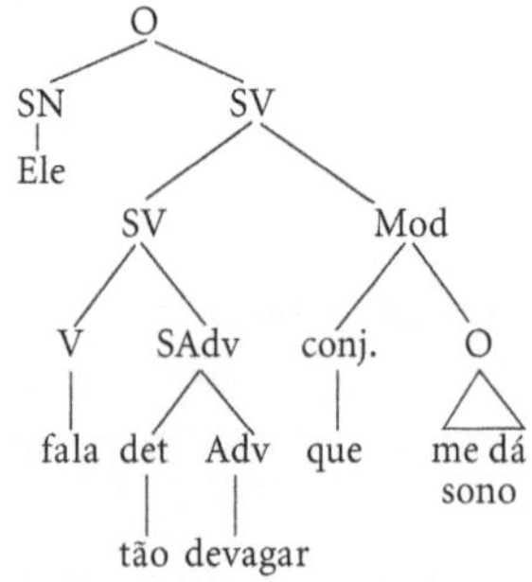

E) A relação comparativa

Vejamos alguns processos gramaticais para exprimir igualdades ou desigualdades entre dois conceitos considerados, seja quanto à quantidade – em se tratando de substantivos – seja quanto à intensidade – em se tratando de verbos, adjetivos ou advérbios.

425a. A pele dela é branca *como neve*
426a. O peixe escorrega *como sabão*
427a. Ele bebe vinho *como água*
425b. A pele dela é tão branca *quanto neve*
426b. O peixe escorrega tanto *quanto sabão*
427b. Ele bebe vinho tanto *quanto água*
425c. A pele dela é mais/menos branca *do que neve*
426c. O peixe escorrega mais/menos *do que sabão*
427c. Ele bebe mais/menos vinho *do que água*

Os exemplos dos grupos *a* e *b* exprimem igualdade; os do grupo *c*, desigualdade.

A interpretação semântica do segundo termo da comparação, destacado nos exemplos, depende de informações explícitas no primeiro. Com base em relações anafóricas, associamos a 'neve' a informação 'é branca', a 'sabão' a informação 'escorrega' e a 'água' a informação 'ele bebe'.

Se a relação anafórica permite mais de uma associação, dá-se a ambiguidade:

428. Ela ofendeu mais o santo do que o padre
(= 'do que ela ofendeu o padre' ou 'do que o padre ofendeu o santo')

No dialeto culto, especialmente no uso escrito, pode-se contornar a ambiguidade indicando, mediante a preposição 'a', que 'o padre' integra o modificador do SV: 'Ela ofendeu o santo mais do que ao padre'.

Muitas dessas construções comparativas deixam perceber sua origem em estruturas relativas.[10] Nas construções do grupo *c*, a locução 'do que' é a sequência de preposição – 'de' – pronome pessoal neutro – 'o' – e pronome relativo – 'que'. Este tem por antecedente o pronome e desempenha

[10] Cf. Maurer Jr.,1967: A origem da locução conjuntiva 'do que'. In: *Estudos filológicos*; Homenagem a Serafim da Silva Neto. Rio, Tempo Brasileiro.

na oração que introduz o papel de um modificador de conteúdo quantitativo. Esta função fica ainda mais evidente nas construções do grupo *b*, em que 'quanto' intensifica 'branca', 'escorrega' e 'bebe'.

A perda progressiva de consciência dessa origem resultou nas construções proporcionais do tipo

429. Quanto mais pago essa dívida, tanto mais ela aumenta

Este exemplo indica que dois fatos – o pagamento da dívida e o crescimento dela – se desenrolam numa gradação proporcional. Trata-se de um tipo de comparação que permite tratar os fatos comparados como causa e efeito concomitantes. Trata-se de uma forma enfática da proporção. Compare-se com o exemplo abaixo, também vinculado historicamente a construções relativas:

430. Essa dívida aumenta à proporção que é paga (cf. Essa dívida aumenta na mesma proporção em que é paga)

Temos nessa forma enfática a realização do esquema correlativo prótase/apódose, próprio dos enunciados cuja primeira parte – prótase – cria uma tensão que a segunda – apódose – se encarrega de dissolver: 'se... então...', 'não só... mas também', 'tanto... que', 'assim como... assim'.

O introdutor do segundo termo da comparação pode concordar em gênero e número com o antecedente, à maneira de um autêntico pronome relativo, e funcionar como SN:

431. Ela leu tantos livros *quantos eu lhe recomendei*
432. Ele capturou tantas aves *quantas apareceram no quintal*

• *O segundo termo da comparação*

Examinando o seguinte par de frases

433. Ele lava carros há tanto tempo quanto eu
434. Ele lava carros há tanto tempo quanto eu vendo sandálias

fica evidente que o segundo termo da comparação tanto pode conter explicitamente um simples pronome pessoal – 'eu' – como uma oração inteira – 'eu vendo sandálias'. Os gramáticos em geral entendem que em ambos os casos há orações, como atesta a seguinte observação de Rocha

Lima: "Frequentemente, dá-se, na oração comparativa, a elipse de termos da oração principal, os quais a inteligência supre com facilidade:

Não penso/como você |pensa|.
A vida é mais bela/do que a Arte |é bela| (LIMA, 1976, p.253)

Esta explicação é, sem dúvida, adequada ao nosso exemplo, já que a intuição orienta o leitor/ouvinte para preencher uma lacuna sintática após o *eu* com a informação 'lavo carros'. Na mesma obra de Rocha Lima, logo abaixo, um outro exemplo parece, contudo, reclamar outra explicação: "A cidade estava (tão) silenciosa como um cemitério." (Id., ibid.) Aí não há elipse do verbo, já que a interpretação aponta para 'como um cemitério é silencioso', e não 'está' ou 'estava'. Por sua vez, os exemplos abaixo não se podem explicar por elipse de 'termos da oração principal':

435. Preciso de um lápis com ponta mais fina do que este
436. Ele deu um salto mais alto do que o cavalo

Não sabemos o que foi omitido após 'este' em 435; e ainda que explicitássemos o 'subentendido' ('este lápis tem ponta fina' (?)), isto não corresponde, com esta forma, a um segmento já presente na oração principal. Quanto a 436, uma das interpretações se explica bem por elipse (= do que o cavalo deu um salto), enquanto a outra interpretação parece incluir uma unidade ausente da oração principal ('do que o cavalo *é* alto').

A solução por meio de elipse para 436 envolve outro problema, que é o de insinuar que aí há o pressuposto de que 'o cavalo é alto'. Como 436 pode ser enunciada mesmo se o referente é um pônei – indiscutivelmente 'baixo' para o gênero 'cavalo' – está claro que 436 não inclui o pressuposto exigido pela análise com elipse.

Como está evidente que nem sempre o segundo termo da comparação contém uma oração, resta-nos saber se há motivos para admitir a hipótese da oração elíptica.

De fato, um forte argumento para representar esse segundo termo da comparação como oração elíptica está em que, desse modo, se pode dar uma explicação sintática a certas ambiguidades. Recorde-se o exemplo 428.

Além disso, em alguns casos o segundo termo da comparação é, de fato, uma oração plena (cf.434). Desse modo, reconhecemos que o segundo termo da comparação pode ser uma oração plena, uma oração elíptica ou um SN, e neste último caso 'do que' já não pode ser analisado como sequência dotada de um pronome relativo. Ela gramaticalizou-se como preposição.

Funcionalmente, consideramos de modo uniforme o segundo termo da comparação um modificador subordinado ao SV da primeira oração, seja ele constituído por um SN, uma oração plena ou ainda uma oração elíptica. Neste último caso, a função do(s) constituinte(s) presente(s) na frase se define no contexto da oração reconstituída (cf. a dupla função de 'o padre').

• *A relação consecutiva*

As construções destacadas nos períodos abaixo servem de modificadores subordinados ao SV da oração mais alta, como nas construções comparativas, e exprimem uma consequência do conteúdo daquele SV.

437. Minhas dúvidas foram tantas *que precisei de aulas particulares*
438. Ele engordou tanto *que já não podia andar*
439. Ela comeu tanta farinha *que ficou entalada*

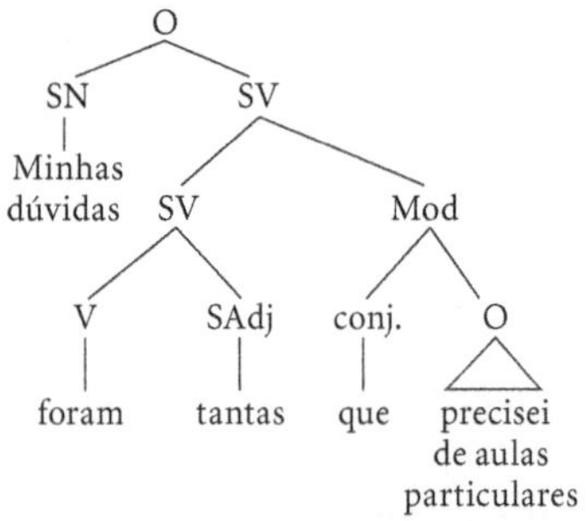

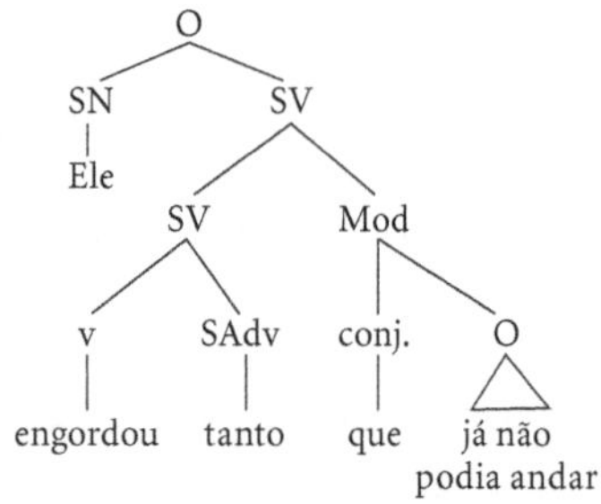

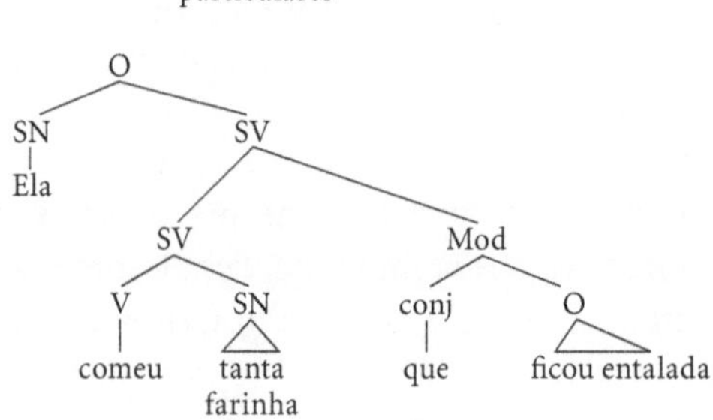

Neste mesmo subgrupo se incluem construções cujo segundo membro, sob a forma de SN, integra um grupo introduzido por 'para' ou, mais coloquialmente, 'de':

440a. Ele está bastante sóbrio para dirigir
440b. Ele está sóbrio bastante para dirigir
440c. Ele está bêbado demais para dirigir
440d. Ele está bêbado demais para que possa dirigir
441a. Ele está velho demais para essa aventura
441b. Ele está muito velho para essa aventura

Com se vê, alguns desses quantificadores vêm indiferentemente antes ou depois do núcleo do modificador – 'bastante' – outro sempre depois – 'demais' – e outros sempre antes – 'muito'.

Nestes exemplos, tendo por modificador um termo susceptível de gradação, o SV pode dispensar o intensificador lexical:

441c. Ele está velho para essa aventura
440e. Ele está bêbado para dirigir

441c e 440e são sinônimas de 441a e 440c. Não é possível, porém, extrair um sentido intensivo de 442

442. O pagamento é quinzenal para evitar a emissão de vales

já que o adjetivo 'quinzenal' não admite gradação. Daí a anomalia de

443. O pagamento é bastante quinzenal para evitar a emissão de vales

Em 442 a preposição 'para' exprime finalidade. O duplo papel de 'para' produz efeitos de sentido distintos em

444. Ela se vestiu com sobriedade para não ser notada (finalidade)
445. Ela se vestiu com bastante sobriedade para ser notada (resultado)

Em 444, cuja paráfrase pode ser 'o propósito de suas roupas sóbrias era evitar que a notassem', exprime-se uma finalidade; em 445, parafraseável por 'ela se vestiu com sobriedade, por isso não foi/seria notada', exprime-se normalmente um resultado.

Na língua falada, principalmente coloquial, a intensificação pode manifestar-se na entoação. Neste caso, a oração consecutiva será introduzida por 'que', quando em forma finita, ou por 'de', quando constituída de infinitivo:

446. Ela é feia *que dói* (ou 'de doer')

VI. A COORDENAÇÃO

Dissemos em IV.8a que as relações sintáticas se passam no interior da oração e que somente a subordinação é responsável pela existência de 'funções sintáticas'. A coordenação estabelece ligações discursivas, por isso que desconhece os limites da oração: coordenam-se vocábulos, sintagmas, orações e até parágrafos.

Ensinam os gramáticos que há em português cinco espécies de conjunções coordenativas: *aditivas, adversativas, alternativas, explicativas* e *conclusivas,* conforme ilustram, respectivamente, os cinco exemplos abaixo:

447. Era madrugada /e/ o guarda-noturno fazia a ronda
448. Chegamos cedo ao teatro, /mas/ os ingressos tinham-se esgotado
449. Iremos a pé /ou/ tomaremos um ônibus?
450. "O navio deve estar mesmo afundando, /pois/ os ratos já começaram a abandoná-lo." (Veríssimo, 1975, p.59)
451. "Ouço música, /logo/ ainda não me enterraram." (Cunha & Cintra, 1985, p.582)

Esses conectivos apresentam, contudo, peculiaridades distribucionais que impõem uma primeira distinção: de um lado, 'e', 'ou' e 'mas'; de outro, 'pois' e 'logo'. Somente os primeiros coordenam as chamadas 'orações subordinadas':

452. É estranho *que ele tenha vindo aqui* /e/ *não me tenha procurado*
453. *É estranho que ele tenha vindo aqui* /mas/ *não me tenha procurado*
454. É claro *que ele virá pessoalmente* /ou/ *mandará alguém em seu lugar*

Um outro agrupamento tem a ver com certas peculiaridades relativas ao ato de enunciação: de um lado, 'e', 'ou'; de outro, 'mas', 'pois' e 'logo'. Os últimos explicitam a interpretação do locutor sobre a relação entre os dois fatos (cf. 448, 450 e 451). Diremos, então, que 'ou' e 'e' são autênticos conectivos, e que 'logo' e 'pois' funcionam como *operadores discursivos* (cf. Koch, 1984, p.132-4). O "mas" tem essa dupla natureza. Quanto aos meios de expressão, a coordenação pode ser *sindética* (ou conectiva), *correlativa* ou *assindética.* Em VII.2c voltaremos a analisar o funcionamento desses conectivos e operadores.

1. Coordenação sindética

Realiza-se por meio dos coordenantes 'e', 'ou' e 'mas', capazes de coordenar entre si vocábulos, sintagmas, orações.

455. "O fato *sociológico* /ou/ *econômico* me escapa." (ANDRADE, 1973, p.1.090) SAdjs coordenados como modificadores nominais
456. "Mais uns *oito* /ou/ *dez* jovens agora atravessam correndo um dos canteiros de relva." (VERÍSSIMO, 1975, p.322) Adjetivos numerais coordenados como determinantes
457. "Uma mulher do povo *solta um gemido* /e/ *cai*." (VERÍSSIMO, 1975, p.333) SVs coordenados como predicados
458. "Antes *de examinar os valores gerais dos homens do sistema*, /e/ *de discutir as coordenadas que informavam suas maneiras de percepcionar*, convém explicar alguns traços definidores da repressão." (MOTA, 1982, p.182) SPreps coordenados como modificadores adverbiais
459. "(Baleia) *quis recuar e esconder-se debaixo do carro*, /mas/ *teve medo da roda*." (RAMOS, 1969, p.150) SVs coordenados como predicados
460. "Baleia, sempre de mal a pior, *roçava-se nas estacas do curral* /ou/ *metia-se no mato*." (RAMOS, 1969, p.147) SVs coordenados como predicados
461. "*A vaga liberal metropolitana impunha a recolonização do Brasil*, /e/ *seria em função dessa necessidade que a contrarrevolução se articularia*." (MOTA, 1982, p.165) Orações independentes coordenadas
462. "*Considerado em seu aspecto geral*, /e/ *apresentando-se como uma verdadeira 'revolução copernicana' no campo da educação*, o escolanovismo pretende deslocar o educando para o centro das reflexões escolares." (FAUSTO, 1977, p.265) SAdj e SAdv coordenados como modificadores oracionais
463. [O amor acaba] "de repente, ao meio do cigarro *que ele atira de raiva contra um automóvel* /ou/ *que ela esmaga no cinzeiro* repleto." (CAMPOS, 1965, p.114) SAdjs – orações adjetivas – coordenados como modificadores nominais

2. Coordenação correlativa

Realiza-se por meio dos pares 'ou... ou', 'ora... ora', 'quer... quer', 'não... nem' – que exprimem *disjunção* – 'não só... mas também', 'não só... senão também', 'não apenas... mas ainda', 'tanto... como' – que exprimem *união* – 'senão... ao menos', 'não... mas', 'mas... não' – que exprimem *preferência/compensação.*

464. "Quando a morte se apodera de nós, /seja/ *por uma queda de pressão,* /seja/ *por uma queda de elevador,* é que se rompeu o equilíbrio." (CAMPOS, 1965, p.117) A coordenação envolve SPreps
465. "... teu anúncio continua modelo no gênero, /senão/ *para ser imitado,* /ao menos/ *como objeto de admiração literária.*" (ANDRADE, 1973, p.955) A coordenação envolve SPreps
466. "... por exemplo, é verificável uma certa falta de adesão – mas não apatia – por parte das camadas populares /tanto/ *em relação às lideranças revolucionárias* /como/ *em relação às da restauração.*" (MOTA, 1982, p.164) A coordenação envolve SPreps
467. "Confesso que /antes/ as quero *confeitaria,* /que/ *palácio dos Bórgias.*" (ASSIS, 1962, p.714) A coordenação envolve SNs modificadores do SV
468. "Confesso que antes as quero confeitarias, que palácio dos Bórgias; não /tanto/ *porque nestes se possa achar a morte,* /como/ *porque nós amamos os confeitos.*" (ASSIS, 1962, p.714) A coordenação envolve SAdvs resultantes da transposição de orações
469. "Na zona árida há matutos que ... /ora/ se *dedicam a misteres pacíficos,* /ora/ *aderem aos grupos de bandoleiros.*" (RAMOS, 1981, p.133) A coordenação envolve SVs predicados
470. "O que o português vinha buscar era, sem dúvida, a riqueza, /mas/ *riqueza que custa ousadia,* /não/ *riqueza que custa trabalho.*" (HOLLANDA, 1976, p.18) A coordenação envolve SNs apostos a outro SN
471. "A cadeira chegou quatro horas depois, já noite fechada, /não/ *na cabeça,* /mas/ *vestindo o bêbado como sobrecasaca.*" (ANDRADE, 1973, p.1.092) A coordenação envolve SPrep e SAdv

3. Coordenação assindética

(a) Exprime contraste

472. "O telegrama chama-lhe mania, eu digo convicção." (ASSIS, 1962, p.742)
473. "Agora já não éramos pequeno rebanho a escorregar num declive:/ constituíamos boiada numerosa." (RAMOS, 1953, p.125)

(b) Exprime causa/efeito

474. "Os infelizes tinham caminhado o dia inteiro,/estavam cansados e famintos." (RAMOS, 1969, p.45)

(c) Exprime adição

475. "Ele me encara,/vê que não sou nenhum tubarão,/rabisca uns números razoáveis,/faz umas contas,/conclui." (ANDRADE, 1973, p.1.093)
476. "Uma chuva de pedras cortou-lhe a palavra;/alguém lhe passou uma rasteira;/seus óculos voaram." (BRAGA, 1964, p.94)

(d) A segunda oração justifica o conteúdo da primeira

477. "Ele ia ficar radiante:/sempre desejou cavalgar..." (ANDRADE, 1983, p.1.161)
478. "... hoje não há passageiro que não esteja lutando contra o relógio:/ todos querem estar em casa à meia-noite." (GABEIRA, 1981, p.142)

VII. Sintaxe e discurso

No item IV.2 detivemo-nos na hierarquia da estrutura gramatical e estabelecemos as noções de morfema e de oração/período com as unidades mínima e máxima, respectivamente, daquela estrutura. Sabemos, porém, que os períodos se associam no discurso por meios variados, que já não classificaremos como sintáticos, mas como discursivos. Tradicionalmente, as investigações nesse terreno estiveram a cargo da retórica e da estilística. A contribuição do estruturalismo a esses estudos se deve notadamente à teoria literária, e só recentemente se fala numa 'linguística textual'. Entre nós, Othon M. Garcia deu uma contribuição pioneira ao discorrer sobre os meios de estruturação do parágrafo e catalogar várias expressões conectivas interfrasais e interparagráficas. De um modo geral, os linguistas estão sensíveis às relações entre a linguagem, o contexto social e os interesses diversos dos interlocutores na produção discursiva. Muitos linguistas põem em xeque a tese de que o objeto de sua ciência seja o sistema, o código abstrato e imune às contingências do uso em cada situação de comunicação. Estamos diante de tentativas de descrever, no quadro dos estudos linguísticos, a linguagem, não como um objeto estático, mas como um meio dinâmico de exprimir intencionalmente um sentido.

1. Categorias discursivas

O ato de enunciação verbal é, necessariamente, obra de um indivíduo de cada vez, o qual se assinala no discurso através da forma 'vazia' *eu*. Conforme observou E. Benveniste, "esse signo está, pois, ligado ao exercício da linguagem e declara o locutor como locutor. É essa propriedade que fundamenta o discurso individual, em que cada locutor assume por sua conta a linguagem inteira" (Benveniste, 1976, p.281).

O discurso se situa, inevitavelmente, no ponto de tensão entre dois polos: a individualidade criativa do locutor/enunciador e o conjunto de variáveis que, externas a ele, limitam, condicionam ou afetam de diversos modos a enunciação: o *codigo linguístico*, o *interlocutor*, o *tempo*, o *espaço*, a *situação social*, o *conteúdo*, *crenças* e *valores culturais*, o *texto em processo*, *outros textos*[1].

O interlocutor destaca-se nesse conjunto, pois, locutor em potencial, ele é tomado como 'cúmplice' de muitas variáveis, quer pelos implícitos do discurso, que o locutor o supõe capaz de recuperar, quer pelos explícitos que o locutor o supõe capaz de repartir. Formas como *eu*, *você*, *aqui*, *agora*, *assim*, *depois*, *ele*, *ontem*, *este* comprovam essa cumplicidade. Todas são 'vazias' e só no ato da enunciação se transformam, de 'unidades da língua', em unidades ou signos preenchidos por um valor referencial.

O locutor faz seu interlocutor 'cúmplice', por exemplo, em relação ao pressuposto de que *estava chovendo* quando enuncia que *parou de chover*. Por outro lado, tem também sua 'cumplicidade' em relação à informação 'implícita' *podemos sair*, que o enunciado *parou de chover* não significa, mas permite, em dada situação, inferir.

Aquelas variáveis se materializam ou influem no discurso através de certos procedimentos. Agruparemos didaticamente alguns deles em três grandes *categorias discursivas*: a *modalidade* (relações com o interlocutor e o conteúdo), a *referência* (relações com o tempo e o espaço) e a *polifonia* (relações com outros textos/discursos).

a) A modalidade

Diz respeito à expressão linguística de dois aspectos: (a) as apreciações do locutor sobre o conteúdo proposicional das orações e (b) seus interesses e intenções quanto às tarefas da enunciação[2].

---

[1] O confronto entre o locutor e essas variáveis é obviamente desigual. Algumas vezes cruel – como no caso dos inquéritos em que uma pessoa é forçada a dizer o que o inquisidor espera ouvir. A ficção é o triunfo do locutor sobre o conteúdo. O humor e a poesia são outras atividades que caracterizam o triunfo do locutor sobre algumas daquelas variáveis. Na maioria das vezes, contudo, o locutor sucumbe às limitações daquelas variáveis, por inércia ou conveniência, como no caso das fórmulas estereotipadas de tratamento, de saudação, de cortesia, no emprego de provérbios, nas citações de discurso alheio e na reprodução, quase sempre mecânica e inconsciente, de ideologias por natureza incrustadas no discurso de instituições como a sociedade, a igreja, a família, a ciência, a escola, os partidos etc.

[2] "...uma das funções da linguagem é proporcionar interação entre pessoas, permitindo a manifestação de condições sociais, atitudes individuais e sociais, avaliações, julgamentos e coisas que tais; e isso inclui participação na interação linguística." (Halliday, 1976, p.154)

As apreciações do locutor se exprimem por meio de

• sintagmas adverbiais ou preposicionados

479. Compraram várias malas; *naturalmente* vão viajar
480. Eles ficaram *visivelmente* contrariados
481. *Com certeza* o carro deles enguiçou

• predicadores seguidos de que + oração ou justapostos no enunciado

482. *É claro* que eles gostaram de você
483. Eles, *é claro*, gostaram de você

• verbos modais

484. Eles *devem* chegar por volta das 10 horas
485. Ninguém *pode* viver com esse salário
486. Ela *parece* gostar de crianças

• modos do verbo

487. Eles não saíram de lá porque *quisessem*, mas porque *foram* obrigados
488. Aceito o papagaio que *fala*, mas prefiro um que *cante* também

• marcadores de foco

489. *Até* minha avó faria esse gol
490. Eles vieram aqui *só* para me provocar
491. Eles vão viajar *mesmo* sem dinheiro
492. Aqui *é que* ele não entra
493. Quando virei para trás, *eis que* o vejo passar correndo

• empregos modais dos tempos verbais

494. A essa hora a notícia já *terá* corrido a cidade inteira
495. Esse dinheiro ainda não *daria* para comprar o terreno

• conjunções

496. *Se* ele se candidatar também, a oposição vai se dividir
497. *Ainda que* ele se candidate, a oposição não vai se dividir
498. *Já que* ele se candidatou, a oposição vai ficar dividida

• verbos que explicitam o ato praticado pelo locutor

499. Eu *estranho* que até essa hora ela ainda não tenha telefonado
500. *Nego* que ele seja meu filho

• entoação

501. Que tipo mais esquisito! (exclamativa)
502. Haverá no céu mais luz do que nos seus olhos? (interr.-retórica)

As intenções e interesses do locutor se exprimem por meio de:

• predicados seguidos de infinitivo ou que + oração

503. É *proibido* estacionar
504. É *necessário* que eles nos ajudem

• verbos modais

505. Você *precisa* ser mais audacioso
506. Eu *vou* mostrar a ele quem é covarde
507. Nós *temos* que/de ganhar esse jogo
508. Você *deve* disputar mais a bola (obrigação)

• verbos que explicitam o ato praticado pelo locutor

509. *Ordeno* que vocês saiam daqui
510. *Solicito* que vocês se retirem
511. *Pergunto* se vocês conhecem esse homem

• modos do verbo

512. *Deixem* o poeta em paz
513. A terra lhe *seja* leve

• entoação

514. Quem conhece este homem? (interrogativa)
515. Quem você disse mesmo que roubou o anel? (interr.-confirmativa)
516. Vocês não vão me dizer que não conhecem esse homem (interr.-excl.)
517. Entrem, por favor (imperativa). Fogo! (imperativa)
518. SAÍDA (anunciativa). CAVALHEIROS (anunciativa)

b) Marcadores de foco

Em diversas gramáticas contemporâneas listam-se em apêndice ao capítulo do advérbio algumas palavras 'por vezes de classificação extremamente difícil', por isso reunidas numa classe 'à parte'.

Nesta exposição nos limitaremos às que, segundo a classificação constante em CUNHA, 1969, exprimem (a) *inclusão:* até, inclusive, mesmo, também; (b) *exclusão:* apenas, salvo, senão, só, somente; (c) *designação:* eis; e (d) *realce:* é que.

Creio que o grupo *b* não exprime 'exclusão', mas 'seleção', 'restrição'. Quem diz 'Deixe entrar '*somente* as crianças' não está excluindo, mas restringindo ou selecionando.

Por outro lado, estas formas não são núcleos de nenhuma construção, nem palavras modificadoras. Ora, as formas vocabulares têm sido distribuídas basicamente entre essas duas categorias, às quais se acrescenta a dos 'conectivos'. Em todo o caso, essas formas têm uma peculiaridade, que já anotamos em IV.3: situam-se na fronteira dos sintagmas, como nos exemplos '*até* o padre riu de mim' – em que *até* precede um SN – 'o padre *até* riu de mim' – em que *até* precede o SV – e 'o padre riu *até* de mim' – em que *até* precede o SPrep.

Em 'ele não veio aqui *senão* para me provocar', também o *senão* restringe a finalidade, introduzindo o SPrep. Estamos diante de uma variante enfática de 'ele veio aqui para me provocar', com *foco* sobre a finalidade. O mesmo se dá em 'Ele veio aqui só para me provocar'.

Observe-se o funcionamento de *só* nos dados abaixo:

519. O jogador matou três bolas numa *só* tacada (adjetivo)
520. O jogador matou três bolas numa tacada *só* (adjetivo)
521. O jogador matou três bolas *só* numa tacada (marcador)
522. Este jogador *só* matou três bolas numa tacada (marcador)
523. *Só* este jogador matou três bolas numa tacada (marcador)

'Só' é ambíguo em 523, pois tanto significa 'exclusivamente' como 'pelo menos'. Nos contextos abaixo essa ambiguidade fica patente:

524. Puxa, em menos de cinco minutos acabaram com dois pratos de bolinhos.
   – Pudera, *só* aquele gordinho ali pegou dez de uma vez.

525. Puxa, em menos de cinco minutos acabaram com dois pratos de bolinhos...
– Tem certeza? Acho que só serviram um prato.
– Que nada! Parece que cada pessoa comeu uns quatro bolinhos.
– Não é verdade; *só* aquele gordinho ali comeu quatro, que eu vi.

No primeiro diálogo, *só* exprime uma denúncia (= pelo menos); no segundo, uma restrição, uma limitação.

Sintaticamente falando, tudo que se pode dizer dessas unidades é que elas ocupam a fronteira dos sintagmas, pois não servem de bases, de modificadores, de conectivos ou de transpositores. Elas marcam fronteiras sintagmáticas, exprimindo certas informações que o locutor considera relevantes por serem 'novas' para o ouvinte; servem para estabelecer relações de implicação e/ou pressuposição com outros enunciados. Assim, ao dizer 'só aquele gordinho ali comeu quatro, que eu vi', o locutor pressupõe que 'nenhuma outra pessoa comeu tantos'.

Em enunciados como 'até minha avó faria esse gol' ou 'Gastão não paga sequer cafezinho', os marcadores *até* e *sequer* introduzem no discurso o julgamento do locutor sobre certas situações ou fatos e implicam outros enunciados: 'minha avó mal sabe chutar uma bola' e 'é normal as pessoas pagarem cafezinho'. Por sua vez, *eis* permite que o locutor enuncie um fato como algo repentino ou inesperado. Por fim, o marcador *é que* expressa um contraste entre uma informação explícita e outra(s) implícita(s) ou constante(s) de outro discurso – do interlocutor, por exemplo.

A) O verbo ser e o foco

Em V.2 referimo-nos ao emprego do verbo transpositor *ser* como substituto anafórico (Eles saíram, mas *foi* (= saíram) sem minha permissão). Como vimos, por esse recurso se deu realce às circunstâncias expressas pelos SPreps. Nos exemplos seguintes se observa um outro meio de realçar uma informação por meio de *ser* (ser que, ser... que):

526. Com esse rifle *é que* ele caçava
527. *Era* com esse rifle *que* ele caçava

Ser que ou *ser... que* funciona nesses exemplos como 'marcador de foco'. Conforme dissemos, essas estruturas têm a peculiaridade de impor uma nítida divisão do enunciado em dois segmentos: o focalizado e o restante. O marcador é *que* situa-se precisamente na fronteira entre os dois:

528. Podíamos ir até o açude/para pegar peixe
529. Para pegar peixe *é que* podíamos ir até o açude
530. Eles não bebem/café
531. Café *é que* eles não bebem

O segmento focalizado impõe-se aí como exclusivo em contraste com outros de informação diversa: quem diz 'No quintal é que vocês podem fazer a festa' explicita enfaticamente que não pode ser em outro lugar. Em outra variante o segmento focalizado se posiciona entre *ser* e *que*. Nesta construção ser é variável e está sujeito à regra de concordância. Comparem-se 532 e 533:

532. Vocês *é que* devem procurá-lo
533. *São* vocês *que* devem procurá-lo

Há ainda um outro uso focalizador de *ser* não correlato a *que*. É um marcador que, nas orações independentes, se insere entre qualquer forma verbal e o que se segue a ela:

534. Ela quer *é* casar
535. Todas as manhãs eu tenho *é* corrido na praia
536. Nós estamos *é* consultando o arquivo
537. Ele quer ser *é* médico
538. Eu ficava *era* preocupado

c) A referência

A referência constitui o conjunto dos meios pelos quais o locutor designa no discurso as variáveis do contexto:[3] *ele próprio* (o locutor), o *interlocutor*, o *tempo*, o *espaço*, o *assunto*. São recursos referenciais *eu/você/ele, aqui/aí/ali, agora/antes/depois, isto/isso/aquilo*. Também ao contexto são referidas as épocas em que se situa o conteúdo do predicado, flexionalmente expressas através do verbo: *presente, passado, futuro*.

[3] A referência e a *polifonia* (ver VII.1d) fazem parte do 'entorno' que, na definição de Reyes, "consta de elementos linguísticos (que formam o 'contexto', onde cabem todos os textos suscitados, aludidos, transcritos) e elementos extralinguísticos, organizados em função do aqui e agora da enunciação." (Reyes, 1984, p.59)

As classes lexicais diretamente envolvidas com esse sistema referencial são o *verbo*, os *pronomes pessoais*, *demonstrativos* e *possessivos* e os *advérbios* de *tempo*, de *lugar* e de *modo* ('assim'). Os advérbios e, em particular, os pronomes têm tido um tratamento satisfatório nas gramáticas. Aqui nos limitaremos ao sistema temporal do verbo, que apresenta peculiaridades ainda não devidamente analisadas nos manuais.

A) Contexto mediato e contexto imediato

Precisamos dessa distinção para explicar a propriedade que tem a linguagem de fazer referência a duas ordens de variáveis: as presentes no ato da enunciação ou no discurso aí produzido, e as que estão 'distantes' do enunciador, como experiência de vida apenas simulada, relatada em outros textos ou em virtude de uma atitude de cautela. É ao contexto imediato que alguém se refere quando, deparando com o resultado da loteria, exclama feliz 'Acertei a quina!'. Por outro lado, é ao contexto mediato que se refere o narrador de *Infância* quando, no segundo capítulo daquela obra, escreve "Mergulhei numa comprida manhã de inverno" (Ramos, 1976, p.20). A mesma diferença ocorre entre o enunciado 'Bom dia!' dirigido por um indivíduo A a um indivíduo B e o enunciado 'Bom dia...' com que o indivíduo B, em seguida, contrafeito e mal-humorado, comentasse com desdém a saudação recebida. O locutor assume ou 'simula' uma relação de distanciamento com o contexto mediato, distanciamento que pode ocorrer no tempo ou na atitude (cerimônia/fantasia).

O verbo apresenta duas séries de formas – variações temporais – conforme tenham por polo de referência o contexto mediato ou o contexto imediato. No interior de cada uma dessas séries as formas verbais variam para representar o conteúdo como 'perfeito' ou como 'potencial'. Uma terceira forma o representa como 'neutro' em relação a essas propriedades.

Polo de referência: *contexto imediato*
- Processo perfeito: *cheguei, vi, venci*
- Processo potencial: *chegarei, verei, vencerei*
- Processo neutro: *chego, vejo, venço*

Polo de referência: *contexto mediato*
- Processo perfeito: *chegara, vira, vencera*
- Processo potencial: *chegaria, veria, venceria*
- Processo neutro: *chegava, via, vencia*

A noção de contexto mediato não se confunde com o *passado*, mas o inclui. Como dissemos, a 'cerimônia' e a 'fantasia' constituem variáveis desse tipo de contexto. As narrativas fictícias não dizem respeito ao passado, a menos que o narrador faça questão de situar historicamente os fatos narrados. A ficção científica está aí mesmo para provar que não são fatos 'passados' que o narrador relata, nem por isso eles são narrados no presente ou no futuro. Trata-se em geral de uma simulação. Por outro lado, as formas do pretérito se empregam às vezes sem qualquer referência temporal; o que vale nos exemplos abaixo é a referência ao contexto mediato, que no caso resulta de uma atitude simuladora:

539. Achou, ganhou! (bordão publicitário)
540. Eu preferia que vocês ficassem calados (forma cerimoniosa de enunciar uma ordem)

Considerando o *contexto mediato* apenas o *tempo passado*, H. Weinrich (Weinrich, 1968, p.61-94) distinguiu o "mundo comentado" (contexto imediato) e o 'mundo narrado' (contexto mediato). O mundo comentado é próprio dos textos ensaísticos, dos artigos científicos, dos textos em que se expõe um argumento ou se defende uma tese, é o mundo próprio dos editoriais e das crônicas sobre matéria cultural, religiosa, esportiva, política, econômica etc. O mundo narrado é típico dos relatos, fictícios ou não, em que personagens conduzem ou se envolvem em ações situadas em épocas e lugares determinados. Weinrich classificou como 'metafóricos' os empregos de formas da série narrada em textos em que predominem as formas da série comentada. Ou seja, os empregos 'não temporais' das formas 'temporais'. Acreditamos, porém, que o conceito de contexto mediato, que recobre tempo e atitude, dispensa a interpretação metafórica.

Como quer que seja, a verdade é que o 'uso do imperfeito, do passado simples, do condicional etc., em situações comentadoras, exprime um matiz de validez limitada, trazendo ao contexto comentador o que é peculiar ao mundo narrado, como relaxamento, falta de compromisso." (Koch, 1984, p.41)

B) Os tempos do subjuntivo

No modo subjuntivo articulam-se apenas três formas simples: o presente, o passado e o futuro. Este conjunto reduz-se, contudo, à oposição entre dois conteúdos, já que as formas do presente e do futuro não têm conteúdos temporais distintos; elas diferem tão só quanto à distribuição sintagmática:

541. Se vocês *voltarem* cedo, jantaremos juntos
542. Caso vocês *voltem* cedo, jantaremos juntos

Tanto 'voltarem' (futuro do subjuntivo) como 'voltem' (presente do subjuntivo) situam a 'volta' no tempo futuro. Por outro lado, em

543. Se vocês *souberem* a resposta, podem dizer
544. Caso vocês *saibam* a resposta, podem dizer

as formas' souberem' e 'saibam' situam o conhecimento da resposta, ainda que suposto, no tempo presente.

Há, por conseguinte, uma neutralização da oposição presente/futuro no subjuntivo: voltarem/voltem, souberem/saibam são variantes combinatórias da forma subjuntiva que exprime referência ao contexto imediato.

A referência ao contexto mediato faz-se por meio do 'pretérito imperfeito', tanto para o conteúdo potencial (545) quanto para o não potencial (546 e 547):

545. Quando ele *chegasse*, nós sairíamos
546. Imaginei que você *trabalhasse* na fábrica
547. Precisávamos de um guia que *conhecesse* as igrejas

d) A polifonia

"No fundo do mato virgem nasceu Macunaíma, herói de nossa gente. Era preto retinto e filho do medo da noite." (ANDRADE, 1969, p.11)

"Além, muito além daquela serra, que ainda azula no horizonte, nasceu Iracema.

Iracema, a virgem dos lábios de mel, que tinha os cabelos mais negros que a asa da graúna, e mais longos que seu talhe de palmeira." (ALENCAR, 1965, p.50-1)

Não é preciso esforço para perceber que o texto de Mário de Andrade lembra o de José de Alencar. Os dois se unem pelo 'intertexto', de sorte que o entendimento literário do primeiro depende do conhecimento do segundo. No texto de Mário, a voz de Alencar soa paralela à dele e faz daquele um discurso polifônico.

A polifonia pode ser definida "como a incorporação que o locutor faz ao seu discurso de asserções atribuídas a outros enunciadores ou personagens discursivos" (Koch, 1984, p.142). Ao proceder a essa incorporação, porém, o locutor pode ou não explicitar que o está fazendo. O procedimento mais óbvio dessa 'incorporação' é a 'citação', que graficamente se costuma indicar por meio de aspas – nos comentários – ou por meio de travessão – nas narrações. O menos óbvio costuma ser a 'alusão', para cuja identificação o enunciador raramente fornece pistas gramaticais ou textuais.

Entre a citação e a alusão se situam as técnicas do discurso indireto – mais próximo da citação – e do discurso indireto livre – mais próximo da alusão. Esta é uma formulação muito esquemática, mas satisfatória para os nossos propósitos.

Se uma pessoa assume acriticamente o discurso alheio – caso da polifonia automatizada –, ela pode tornar-se apenas instrumento de uma ideologia que 'passa além' através de sua boca. O exemplo mais típico desse fenômeno são os jargões religiosos e partidários que uma pessoa repete sob a ilusão de que está dizendo o que pensa. A forma 'ingênua' da citação é o provérbio, que o locutor precavido e crítico reproduz mediante as fórmulas 'como diz...', 'segundo a sabedoria popular ...', 'nas palavras de...' etc. Como se vê, as conjunções conformativas têm basicamente esse papel.

No discurso de cada indivíduo coexistem inevitavelmente outros discursos. O ato de dizer é em grande parte um ato de repelir. A repetição está na natureza mesma do discurso, como garantia da necessária continuidade entre o que se disse e se sabe e o que se vai dizer e tornar sabido. O que se disse e se sabe está codificado em textos ou na memória coletiva, de sorte que no ato de enunciar, uns e outra são convocados a tomar parte na enunciação e assim garantir a continuidade histórica da comunidade enquanto arquivo de conhecimentos produzidos e laboratório de novos conhecimentos.

Essa coexistência de discursos, ou polifonia, é propriedade de qualquer texto, mas em certos discursos, como o científico e o literário, ela atua mais intensamente. No científico, em que outros textos são citados em nome da dinâmica do conhecimento. No literário, como matéria de criação textual, de integração de informações na memória textual do leitor.

A) O discurso indireto

O Editorial do *Jornal do Brasil* de 8.9.87 começa com esta frase: "A cada quinze dias, segundo o escritor Ivan Lessa, o Brasil esquece o que aconteceu nos últimos quinze anos". Trata-se de uma citação que se pretende fiel, e que também poderia assumir a forma 'Disse o escritor Ivan Lessa: A cada quinze dias, o Brasil esquece o que aconteceu nos últimos quinze anos.'

A reprodução literal do enunciado não só garante a fidelidade da citação, como de certo modo exprime a adesão do articulista àquela tese. Se, contudo, o texto fosse 'Ivan Lessa escreveu que a cada quinze dias o Brasil esquecia o que acontecera nos quinze anos anteriores', a afirmação, além de não vir encampada pelo seu citador, perde a feição de tese, porque perde o tom da validade permanente: enfim, 'arquiva-se' no passado. O conteúdo proposicional – expresso na relação entre o predicado e o seu sujeito – continua o mesmo, e se mantém a intertextualidade, mas os discursos não se confundem, pois o distanciamento operado pelo discurso indireto deixa perceber que uma coisa é a enunciação do editorialista, outra o discurso citado.

O discurso indireto, forma de incorporação explícita do discurso alheio através do chamado *verbum dicendi* seguido de 'que', "pressupõe um tipo de relato de caráter predominantemente informativo e intelectivo, sem a feição teatral e atualizadora do discurso direto" (CUNHA, 1970, p.452).

O discurso indireto é o mais típico recurso pelo qual um enunciador 1 (E1) substitui o contexto imediato de sua enunciação pelo contexto mediato, que no caso é o contexto imediato de um enunciador 2 (E2), cujo discurso o enunciador 1 procura relatar. Essa mudança envolve uma série de alterações no sistema referencial, que afeta particularmente os advérbios de tempo (hoje/então), os pronomes demonstrativos (este/aquele), pessoais (eu/ele) e possessivos (meu/seu-dele), e os tempos do verbo, que tendem a mudar da série I (referente ao contexto imediato) para a série II (referente ao contexto mediato). Um exemplo:

548a. *Estes* móveis *são hoje* menos resistentes do que os que *comprei há* trinta anos (*discurso direto*)

548b. (Ele disse que) *aqueles* móveis *eram então* menos resistentes do que os que (*ele*) *comprara havia* trinta anos (*discurso indireto*)

Este exemplo ilustra uma mudança rígida das formas da série I para as da série II. É importante notar, porém, que o que caracteriza o discurso indireto não são as formas verbais, pronominais ou adverbiais, mas o fato de ser um discurso que se tornou conteúdo de outro discurso. O grau de identidade entre o discurso citante (de E1) e o discurso citado (de E2) é variável. Suponhamos, por exemplo, que o editorialista tivesse escrito "'O escritor Ivan Lessa dizia que a cada quinze dias o Brasil *esquece* o que '*aconteceu* nos últimos quinze anos'". Não há neste caso o que H. Weinrich chamou 'emprego metafórico' dos tempos. Uma vez mais, explica-se a mistura das duas séries pela superposição dos contextos mediato e imediato. A adesão do editorialista à tese do autor citado traz o enunciado para o contexto do E1 – contexto imediato – e este contexto passa a ser o contexto de referência dos tempos verbais.

2. A coesão textual

Vários fatores concorrem para conferir a um fragmento qualquer de discurso o caráter de texto. A *coesão* é um deles (cf. III). Ela constitui a continuidade que há entre uma e outra parte do texto. Essa continuidade consiste, em termos gerais, em haver em cada ponto do discurso a ligação necessária entre um segmento e outro que o preceda. Se o texto é um objeto de razoável extensão composto de vários períodos, sua unidade semântica repousará na coesão existente entre esses períodos.

A coesão se expressa em parte através de recursos gramaticais como os pronomes pessoais e demonstrativos – em parte através do léxico. Pode-se, portanto, falar em dois tipos de coesão: gramatical e lexical. No limite desses dois processos, confundindo-se ora com um ora com outro, encontra-se um conjunto de recursos de coesão, tradicionalmente classificados principalmente como 'conjunções coordenativas' e como advérbios.

a) As espécies de coesão

Examinemos preliminarmente os seguintes dados:

Texto 1: "– Acho que o elevador não vem até aqui. Vamos ter de descer um lance de escada"

Texto 2: "Comprei as frutas para a salada. Só não achei abacaxi"

Texto 3: "*Psicanálise:*
– Tenha a bondade de se deitar, minha senhora.
– Isso nunca, doutor. Todos os meus problemas começaram assim." (ELIACHAR, 1979, p.32)

Texto 4: "Apartamento de 1 e 2 quartos (suíte), c/ varanda, salão e vaga na garagem junto ao metrô. Rua tranquila e arborizada. Excelentes condições de pagamento. Informações e vendas, rua Prudente de Moraes, 326"

1, 2, 3 e 4 são aqui citações de textos. Cada um de nós pode facilmente recompor a situação apropriada a cada um, onde cada qual será um texto legítimo. Mesmo fora dessas situações, porém, é possível observar a urdidura interna de cada um e identificar a coesão em cada caso. Em 1 e 2 ela é garantida por associações entre unidades do léxico (oposição em *elevador/escada;* inclusão em *fruta/abacaxi*). Em 3, a coesão é expressa pelas formas referenciais *isso* e *assim* – coesão anafórica. Em 4 temos um texto estruturado por justaposição de quatro segmentos de sentido: tipo e tamanho do imóvel, localização e ambiente, meio de aquisição, informações. Essa disposição reflete uma ordem de prioridade na estrutura informacional do texto. A coesão não é explícita, mas deixa-se intuir em relação à tipologia textual: estereótipo dos anúncios imobiliários em jornal.

O que, em suma, caracteriza os meios de coesão intratextual e intertextual é a capacidade que eles têm de remeter o ouvinte/leitor para unidades de sentido precedentes, isto é, para o que já foi dito ou escrito, e interpretar uns em função dos outros. Frequentemente a coesão se baseia na compresença de expressões semanticamente associadas, como em 1 e 2. Noutros casos, a coesão vem explicitada por palavras de função anafórica – como o *isso* e o *assim,* pronomes pessoais, possessivos e demonstrativos, artigos e advérbios, unidades que não significam senão aquilo que o texto já informou.

Vamo-nos deter agora em dois aspectos da coesão: o *tópico* e a *junção.*

b) O tópico

'À noite, todos os gatos são pardos.'

É óbvio que toda enunciação tem de dizer respeito à situação em que ocorre, ou ficará 'solta', como a epígrafe desta seção. É da situação que o locutor tira a razão de seus enunciados, os quais podem ser saudações, expressões de surpresa, perguntas, respostas, declarações. Neste último caso, essa razão ou assunto normalmente serve de 'ponto de partida' da enunciação. Já na gramática de Pacheco e Lameira se lê: "Na conversação, parte-se geralmente de uma noção já conhecida pelo interlocutor, para a desconhecida que se lhe quer comunicar." (PACHECO & LAMEIRA, 1894, p.535)

Trata-se de um dado disponível na situação, supostamente conhecido do ouvinte, ou de um dado a ser ativado em sua memória. Essa 'noção já conhecida' e que serve de 'ponto de partida' do enunciado é o seu *tópico*, e a 'desconhecida que se lhe quer apresentar', o *comentário*.

A importância desse conceito e sua expressão em português vem sendo estudadas por Eunice Pontes, que recentemente publicou uma extensa monografia sobre o assunto (PONTES, 1986). A tradicional definição de sujeito – 'ser sobre o qual se declara alguma coisa' – aplica-se melhor à noção de tópico, haja vista frases como

549a. *Os pastéis*, ninguém comeu. Estavam frios
550a. *Por falar em Pedro*, onde ele está morando agora?
551a. *Essa máquina*, ela reproduz cem cópias por minuto

em que cada termo destacado é tópico, e só no último exemplo talvez possa ser classificado como *sujeito*, pois o sujeito gramatical 'ela' refere-se ao tópico 'Essa máquina'.

Se compararmos a estrutura desses enunciados à de seus correlatos

549b. Ninguém comeu os pastéis. Estavam frios
550b. Onde Pedro está morando agora?
551b. Essa máquina reproduz cem cópias por minuto

notaremos que as primeiras são informacionalmente diferentes das últimas. Elas têm estrutura própria do discurso coloquial, ou mais precisamente, do discurso dialogado, em que o enunciador, para dar sequência ao discurso, à conversa, elege como ponto de partida de seu enunciado um dado qualquer que é objeto da atenção de seu interlocutor.

Na língua escrita, é ao tópico que se deve muitas vezes a ponte entre dois períodos sequencializados no texto. Aqui mesmo, o segmento 'Na língua escrita' é o tópico através do qual promovi a relação entre o período que inicia este parágrafo e o parágrafo anterior, em que me referi ao 'discurso coloquial'.

Na medida em que serve de ponte entre enunciados de diferentes locutores ou entre períodos no interior do mesmo texto, o tópico é um conceito discursivo, e o processo que confere a um fragmento da frase o papel de tópico é um processo que faz avançar o texto, conferindo-lhe coesão.

O conceito de tópico ainda é controvertido. Em todo o caso, parece uma noção útil e fecunda, mesmo quando se limite a caracterizar a espécie de unidade que assinalamos em 549-551. Além disso, é seguramente o *status* de tópico das unidades assinaladas abaixo que conduziu à gramaticalização delas como sujeito:

552. *A torneira* pingava água o dia todo
553. *Carlos* cortou o cabelo na semana passada
554. *O elevador* só cabe três pessoas
555. *Petrópolis* faz muito frio
556. *Esse quarto* bate muito sol à tarde
557. *Os olhos* dela faiscavam ódio
558. *Ana* torceu o pé

c) A junção

A) Conectiva

Realiza-se por meio de palavras e locuções com que o locutor estabelece e explicita relações semânticas entre sintagmas, orações, parágrafos associados no seu próprio discurso ou em discursos de distintos locutores. Esses operadores são advérbios ou locuções adverbiais, com posição variável, e coordenantes que sempre precedem orações.

Muitos desses operadores são classificados tradicionalmente como 'conjunções coordenativas': portanto, entretanto, pois, todavia etc. Outros têm sido, embora sem uniformidade, classificados como 'locuções adverbiais' ou reunidos sob a imprecisa rubrica de 'palavras denotativas': *até, inclusive, só, isto* é etc.

São variados os conteúdos expressos por essas unidades. Nesta exposição nos limitaremos às que a gramática tradicional chamou 'conjunções coordenativas', incluindo algumas 'locuções' que, funcionando embora como essas 'conjunções coordenativas', não receberam tal classificação.

(a) Exprimem oposição: *contudo, entretanto, todavia, não obstante, porém, na verdade, por outro lado, em compensação*

São advérbios ou locuções adverbiais e têm posição flexível junto ao segmento – geralmente oração – a que se adicionam.

559. "A mão, levantando-se, dilacerava a trama, que *contudo* logo se recompunha..." (ANDRADE, 1973, p.837)
560. "Manuela era uma dessas mulheres desiludidas do amor e que, *entretanto*, se guardam toda a vida para um homem desconhecido." (MACHADO, 1976, p.215)
561. "A estrutura social gerada no processo de colonização sofria alguns abalos, insignificantes *todavia* para provocar modificação sensível no mundo do trabalho." (MOTA, 1978, p.108)
562. "A maioria, embora aceitasse muitas das conclusões práticas a que dera ensejo o descobrimento das terras incógnitas, deveria optar, *porém*, no domínio da teoria e da especulação, por alguma via mediana." (HOLLANDA, 1977, p.278)
563. "Assim, os que queriam abandonar de todo as velhas ideias, e *contudo* não podiam ficar cegos à importância dos novos achados, só tinham o recurso de tentar entre umas e outros algum caprichoso concerto." (HOLLANDA, 1977, p.278)
564. "Fantasiei de mil modos o momento em que ia ser ferido e *no entanto* tudo se passa da maneira mais gratuita e inesperada." (VERÍSSIMO, 1966, p.96)
565. "As primeiras defesas por ele realizadas assumiram um tom francamente formalista. À medida, *porém*, que se foi aprofundando nos meandros dos eventos da revolução nordestina, tentando justificar seus constituintes, a postura passou a ser menos rígida e a argumentação adquiriu maior clareza e ponderabilidade." (MOTA, 1982, p.212)
566. "Sendo a literatura fenômeno socializante por excelência, *contudo* permanece fenômeno individual quanto à produção." (ANDRADE, 1973, p.843)
567. "O referido cearense não escapava à regra; *pelo contrário*, ia mais longe quando tentava defender o juiz de fora de Goiana, aprisionado na fortaleza." (MOTA, 1982, p.81)

Todos esses exemplos deixam claro que esses operadores não são conjunções, pelo menos no sentido em que esse termo é empregado na gramática tradicional. Essas unidades indicam que o enunciador estabelece uma oposição ou contraste entre duas informações, e NÃO que os segmentos associados por elas estejam coordenados. Com efeito, o instrumento da coordenação pode até ocorrer, haja vista os exemplos 563 e 564 (/e/ contudo, /e/ no entanto) e a possibilidade das combinações 'mas... contudo', 'mas... não obstante'.

(b) Exprimem *conclusão/interferência/resultado: portanto, pois, de sorte que, de modo que, por isso (que), por conseguinte, em consequência, tanto que*

As formas terminadas em 'que' vêm obrigatoriamente antes da oração que exprime a inferência, já as outras, como no grupo anterior, têm posição flexível.

568. "O fato de grande parte do acervo documental provir de fontes oficiais, através de agentes da repressão – e *portanto* do regime ainda absolutista –, condiciona o tipo de informação disponível." (MOTA, 1982, p.75)
569. "Entre o sal e o açúcar, sempre optara por este, *de sorte que* o jantar consistia, no caso particular deste escriba, numa preparação do doce." (ANDRADE, 1973, p.1.048)
570. "O enterro foi no Chile, após o golpe, *de modo que* nossos livros e discos possivelmente caíram nas mãos da polícia." (GABEIRA, 1981, p.14)
571. "Um deles, menino de dez anos, empunhava uma vara, e se não sentia o desejo de dar com ela na anca do burro, *então* eu não sei conhecer meninos." (ASSIS, 1962, p.609)
572. "Essa aptidão para o social está longe de constituir um fator apreciável de ordem coletiva. *Por isso mesmo* que relutamos em aceitar um princípio superindividual de organização..." (HOLLANDA, 1976, p.113)
573. "Nascida a 14 de dezembro de 1847, ela era 2 anos, 4 meses e 27 dias mais velha que o novo marido – vindo ao mundo em 11 de maio de 1850. *Assim,* esse assunto de idades tornou-se para sempre tabu na minha família materna." (NAVA, 1973b, p.168)
574. "Fez uma ligeira mesura de cabeça para o bacharel, continuou a explicar-lhe que se sentia seu amigo, e, *por conseguinte,* seu confidente." (RIBEIRO, 1984, p.327)

(c) Exprimem *razão, justificativa: pois, porque, tanto (assim) que*

575. "Não adiantou a providência, *pois,* nesse momento, lá fora, são portas e janelas que estalam em várias direções." (ANDRADE, 1973, p.993)
576. "Essa dignidade não era diminuída pelos novilhos e pelos porcos do Inácio Gama, *porque* só nas fazendas sofisticadas de hoje é que o gado, o mugido, o ronco e o cheiro de bosta foram afastados do dono." (NAVA, 1973b, p.146)
577. "E como ventasse de maneira esquisita, pareceu-me que qualquer resolução já havia sido tomada, *tanto assim que* um de meus antepassados vinha chegando, ouvindo-se bem os seus passos." (MACHADO, 1976, p.100)

(d) Exprimem uma *explicação: isto é, ou seja, a saber, em suma, noutras palavras, enfim, por exemplo.* São advérbios, locuções, sintagmas preposicionados que servem para pôr sob foco a unidade que acompanham.

578. "Ao omitir os grandes proprietários rurais – agricultores *enfim* –, sua visão colonialista ficava definida." (MOTA, 1982, p.113)
579. "... na Lei Orgânica estabelecida e proposta para ampla consulta popular, o 'povo' já não era concebido como simples componente de uma sociedade de ordens, *isto é,* como Terceiro Estado." (MOTA, 1982, p.113)
580. "Os domínios rurais ganhavam tanto mais em importância, quanto mais livres se achassem na influência das fundações de centros urbanos, *ou seja,* quanto mais distassem das fronteiras." (HOLLANDA, 1976, p.62)
581. "Só as criaturas humanas conseguem abrir uma porta bem-fechada e vice-versa, *isto é,* fechar uma porta bem-aberta." (CAMPOS, 1965, p.23)

(e) Exprimem uma *confirmação: com efeito, efetivamente, de fato, realmente.*

582. "Essa primazia acentuada da vida rural concorda bem com o espírito da dominação portuguesa... *Com efeito,* a habitação em cidades é essencialmente antinatural..." (HOLLANDA, 1976, p.61)
583. "O bebê, de olhinhos tranquilos, olhava sem reprovação para tudo. *De fato,* não era de reclamar." (ANDRADE, 1973, p.1.003)

(f) Exprimem uma *retificação: ou melhor, na verdade, (ou) por outra.*

584. "... nem todos os mandatos são verdadeiros, ou, *por outra,* muitos deles são arguidos de falsos, e nem por isso deixam de ser cumpridos." (ASSIS, 1962, p.730)
585. "Na parede oposta à que separava a cela da enfermaria tinha sido instalado um 'guarda-roupa' – *na verdade* uma armação de cabos de vassoura coberta com lençóis grudados por tachinhas..." (MORAIS, 1987, p.175)
586. "... e assim o bastardinho vai sendo amamentado de seio em seio *ou, melhor,* de imaginação em imaginação..." (VERÍSSIMO, 1975, p.116)
587. "(A lixeira) não lhe abafou o chorinho com o desmoronamento de um pacote de restos de cozinha, ou a queda de uma lata vazia de pessegada sobre a cabeça. *Na verdade,* estimulou-a a chorar e bradar..." (ANDRADE, 1973, p.1.196)

B) Por justaposição

(a) Por justaposição se relacionam no texto segmentos atribuídos a diferentes atos discursivos ou a diferentes locutores

588. "Agora vamos tacar fogo./ – Ordenou o comandante." (ANDRADE, 1973, p.670)
589. "Precisamente como eu disse aos senhores/ – falou abrindo os braços." (RIBEIRO, 1984, p.391)
590. "Quanto à constituição, / informava Cabugá no final da mesma carta/, deveria ser modelada pela dos Estados Unidos." (MOTA, 1982, p.200)
591. "Uma família brasileira típica,/ poderíamos dizer." (MORAIS, 1986, p.603)
592. "Em 1898 Xisto Vacariano tomou um vapor em Buenos Aires e viajou até ao Rio de Janeiro, onde – /conta-se/ – se avistou com o Senador Pinheiro Machado." (VERÍSSIMO, 1975, p.28)

(b) Uma informação fundamental e outra subsidiária, cuja função é exprimir comentários, ressalvas, etc.

593. "Apanha, leva ao nariz – / não tem cheiro, como inconscientemente já se esperava/ – depois amassa a flor, joga para um canto." (ANDRADE, 1973, p.676)
594. "Como sua solitária não possuía sanitário – /ele era obrigado a usar o do comandante, sempre acompanhado de escolta/ – Prestes simplesmente atirava sob o colchão as tiras de jornais lidos." (MORAIS, 1987, p.203)
595. "A sozinhez (/esquece essa palavra que inventei agora sem querer/) é inevitável." (CAMPOS, 1965, p.23)
596. "Apesar de não se poder dizer que sistematicamente os indígenas estiveram associados aos contrarrevolucionários –/os episódios da feroz resistência em Itabaiana provariam o contrário/–, pode-se indicar as significativas tentativas dos zeladores do regime no esforço de canalizar para a restauração os índios até então marginalizados." (MOTA, 1982, p.182)

(c) Um segmento – sintagma ou oração – e seu aposto

597. "Só dois fôlegos vivos não são candidatos ao governo da cidade, *tu* e *eu*." (ASSIS, 1962, p.752)
598. "... os proprietários às vezes transigem com eles, *coisa que nenhum poderia decentemente fazer com um ladrão de cavalos.*" (RAMOS, 1981, p.130)

599. "A vida pulula em volta do pintor: *formas vivas ou mecânicas que se movem, volumes e cores que se deslocam...*" (Braga, 1963, p.87)

(d) Um sintagma verbal e um ou mais sintagma(s) nominal(is) de valor circunstancial. É uso corrente no discurso narrativo

600. "Admirei-os em suas displicentes poses escultóricas, *mãos na cintura sobre a tábua balouçante,* indiferentes à sucção do abismo aberto em espirais de morte sob seus pés." (Morais, 1986, p.602)
601. "Continuam a chegar ao largo, vindos de vários quadrantes da cidade, homens e mulheres que ficam a olhar o coreto de longe, *narizes* e *bocas tapados por lenços, um espavento nos olhos.*" (Veríssimo, 1975, p.320)
602. "Baleia respirava depressa, *a boca aberta, os queixos desgovernados, a língua pendente e insensível.*" (Ramos, 1969, p.153)
603. "Finalmente, encostando as pontas dos dedos umas nas outras, *os indicadores tocando os lábios,* olhou para cima como quem busca no teto o fio da conversa." (Ribeiro, 1984, p.336)

(e) O vocativo e a oração

604. "Pois, *senhores,* nem o ilustre brasileiro, nem este criado do leitor, éramos os mais precavidos dos homens." (Assis, 1962, p.507)
605. "*Coronel,* fique certo de que conheço muito bem sua biografia." (Veríssimo, 1975, p.111)
606. "E além do mais, você chegou à idade de descansar coisa nenhuma, *seu engraçadinho.*" (Andrade, 1973, p.1.091)

(f) Duas orações (aqui separadas por /)

607. "Ontem, querendo ir pela Rua da Candelária..., não me foi possível passar/ tal era a multidão de gente." (Assis, 1962, p.561)
608. "Procissão não era;/ não havia tochas acesas nem sobrepelizes." (Assis, 1962, p.561)
609. "Obviamente, não é nova a utilização do termo 'social':/ novo é o conteúdo." (Mota, 1982, p.79)
610. "Para o empregador moderno – assinala um sociólogo norte-americano – o empregado transforma-se em um simples número:/ a relação humana desapareceu." (Hollanda, 1976, p.102)

VIII. Análise de textos

1. Sintaxe e poesia

Vamos proceder a uma descrição da tessitura sintática de *Evocação Mariana* (ver texto em apêndice) a fim de demonstrar em que aspectos essa tessitura organiza e revela a infraestrutura semântica do texto.

O poema é a reconstituição de uma experiência religiosa bastante afastada no tempo. Há quatro estrofes e cada uma encerra uma unidade de sentido: a primeira retrata *a igreja e seu interior*, a segunda *o padre e sua reza*, a terceira *o coro e sua música*, e a quarta *a sensação de leveza*.

A primeira estrofe é constituída por seis períodos: os quatros primeiros se dispõem em relação coordenativa assindética, formando dois subconjuntos de duas orações cada um:// A igreja era grande e pobre./ Os altares, humildes.// Havia poucas flores./ Eram flores de horta.// O sexto período –/ quais as imagens e quais os fiéis/ – vem intercalado ao quinto.

Nenhum verbo desta estrofe denota *ação: ser* (empregado três vezes), *haver* e *ficar*. Toda ela é descritiva. Os períodos se sucedem na gradação mesma em que os dados se oferecem à percepção: *a igreja, os altares, as flores, a origem das flores*. A oração intercalada traduz uma interferência da reflexão no curso da descrição.

A segunda estrofe contém quatro orações coordenadas sem conectivo (assindéticas). Todos os verbos – *subia, batia, entranhava*(-se), *perdia*(-se) – exprimem movimento, em oposição ao conjunto de verbos da primeira estrofe. É notável a gradação do movimento da reza, expressa no significado dos verbos: subir, bater, entranhar, perder. Além disso, a ausência de conectivos imprime uma fluidez à leitura, cujo ritmo reproduz o da própria fala monótona e monocórdia do padre. Ironia: a reza não ia na direção dos fiéis, a quem deveria se destinar.

A terceira estrofe começa por uma negação dupla:/ *Não, não,* se perdia.../. O primeiro 'não' é um substituto oracional, o segundo um modificador do predicado. A retificação – / Perdia-se./ Não, não se perdia .../ – é, na realidade, um retificador de rumo no curso do texto. À lembrança da reza o enunciador associa a audição da "música deliciosa", que "desatase do coro": a reza "perdia-se", mas a música "não se perdia"; ao contrário, recuperava-se.

Uma vez mais, uma oração se põe entre parênteses. Trata-se aqui de uma oração introduzida por pronome relativo, apta, portanto, a modificar diretamente o antecedente "música deliciosa". A exemplo de "quais as imagens e quais os fiéis", os parênteses isolam graficamente o que é, na verdade, uma reflexão a mais. Note-se que o verbo – *esperas* – único empregado no presente e em modalidade subjetiva, contrasta com as formas verbais restantes, todas no passado e tipicamente descritivas.

A última estrofe é uma síntese: há referência à igreja – "De seu peso terrestre a nave libertada" –, aos fiéis – "nossas almas" –, à música – "no canto matinal" – e ao interior sombrio da igreja – "sobre a treva do vale". Por ironia, mais uma vez, o "canto matinal" liberta, como revela o "flutuávamos", ao passo que no espaço sombrio da igreja a reza apenas emoldura a petrificação dos fiéis "na sombra esculpida", a tal ponto que eles se confundem com as imagens.

Funções sintáticas e papéis semânticos

Tomando cada verbo como eixo sintático de cada oração, observamos que:

1. Há paralelismo sintático entre os períodos 1 e 2 da primeira estrofe SN + *Ser* + SAdj, assim como são estruturalmente paralelas – mas não idênticas – as formações sintáticas dos períodos 3 e 4: verbo + SN.
2. Os *sintagmas nominais* e os *sintagmas adjetivos* sobressaem na composição desse quadro de inércia em que o que importa são *seres* ("igreja", "altares", "flores", "luz", "sombra", "imagens", "fiéis"), *qualidades* ("grande", "pobre", "de horta", "fraca", "esculpida") e *posições* ("sob a luz fraca", "na sombra esculpida"). Os verbos não designam ações, portanto os SNs não são agentes nem pacientes.
3. Na segunda estrofe são vários os verbos de movimento. Mas há uma particularidade: o sujeito desses verbos, todavia, não é "o padre", mas "o murmúrio de reza". O padre é tão só a origem desses processos. Não há *destinatário* – que havia de ser 'animado' – dos processos, mas *destino* – 'inanimado': *tábuas do forro, púlpito seco, onda de incenso.* Caracteriza-se, assim, a inatividade do padre e a abulia geral.

4. Na terceira estrofe repete-se aquele modelo funcional: o "coro" é a origem do processo – "desatava-se" – cujo sujeito é "a música deliciosa". Ao contrário, porém, do que se passa na segunda estrofe, "a música deliciosa" não se perde, mas origina outra visão: a das "meninas cantando". A urdidura sintática reproduz o movimento que a recomposição da lembrança descreve. Ainda mais surpreendente é a construção "e dessa música surgiam meninas cantando", em que "a música" se impõe à percepção e dá origem ao que (= as meninas), na realidade, é a origem dessa música. Pode ser uma inversão da ordem natural, mas reproduz o curso de uma câmera que volta no tempo e repassa as imagens em ordem invertida.
5. A leitura da última estrofe tem de partir de seu único verbo – "flutuávamos" – flagrantemente oposto ao "ficávamos" da primeira estrofe. Logo o primeiro verso anuncia esse outro tom. Trata-se de uma hábil montagem polissêmica: a *nave* (*interior da igreja* e *espaço de orações, navio* e *aeronave*) libertada de "seu peso terrestre" (a *matéria identificada com os valores terrenos* e *sacrifícios*, e *o objeto feito de metal*). Essa polissemia impregna o verbo "flutuávamos" (aplicável às almas libertas do corpo, assim como aos navios no mar e às aeronaves no espaço).

Na primeira estrofe como na última, o verbo vem modificado por dois sintagmas preposicionados ("Sob a luz fraca, na sombra esculpida" × "no canto matinal, sobre a treva do vale"). O jogo das preposições e dos SNs é também sintomático: se a mesma preposição – 'em' – introduz, lá como cá, sintagmas nominais, estes, porém, se opõem pelo léxico que os constitui: *sombra* × *matinal, esculpida* (inércia) × *canto* (movimento). Quanto aos restantes, a oposição fica por conta das preposições – *sob* e *sobre* – já que os sintagmas que elas introduzem têm conteúdos lexicais afins.

Estabelecida, a partir do verbo, a oposição de atmosferas das estrofes inicial e final, percebe-se a sutil ironia da comparação do segundo verso – "como do tempo atroz imunes nossas almas": as almas estão afinal "imunes", não graças à reza, mas ao lenitivo da música, que as faz flutuar.

2. Sintaxe, discurso e narração

Esta análise busca destacar e comentar três aspectos da dinâmica narrativa do conto *Apólogo brasileiro sem véu de alegoria* (ver texto em apêndice): (a) o funcionamento dos sintagmas nominais sujeito, (b) a coexistência de discursos (polifonia) e (c) a noção de tópico.

É claro que esses aspectos estão entrelaçados na significação geral do conto, um apólogo, que põe em cena quatro personagens: o povo explorado, o agitador das massas, a testemunha e a autoridade. O conto se divide em quatro cenas: o interior do trem, a fala do cego, a rebelião e a chegada a Belém.

A primeira cena retrata uma situação típica: o ritual cotidiano do retorno do trabalho em um trem sem o mínimo conforto. "Era assim mesmo todos os dias", anota o narrador em estilo indireto livre. Vamos assinalar os indicadores gramaticais e lexicais dessa rotina: a oposição singular/plural reparte os personagens desta cena em dois grupos (*o trenzinho, o chefe, o maquinista,* por um lado, os passageiros, por outro). Os passageiros são identificados pelas formas *o pessoal* (duas vezes), *os passageiros, uns, os* (que dormiam), *as mulheres, caras cansadas, ninguém.*

Outros indicadores dessa tipicidade: "Havia *sempre* uns que gritavam", "até gesticulavam *por força do hábito brasileiro*", "Era assim mesmo *todos os dias*", "O pessoal do matadouro *já estava acostumado*".

Mas o toque mais relevante desse quadro de rotina, ou melhor, de 'indiferenciamento', é a escuridão, registrada por expressões que permeiam toda essa primeira parte: "Já era noite", "não havia luz", "E os vagões no escuro", "Noite fora noite dentro", "a escuridão", "Noite sem lua nem nada", "na pretidão".

Pois é sobre esse pano de fundo que se projeta a segunda cena, dominada por um personagem: "um cego de óculos azuis". O insólito desse dado vem marcado no início mesmo da segunda cena: "Porém aconteceu ..." é um índice da nova cena, que contrasta com a primeira, seja pelo valor adversativo do coordenante 'porém', seja pelo conteúdo do verbo 'acontecer' naquela construção: por meio de seu papel modalizador, o narrador assinala o caráter 'insólito' de "no dia 6 de maio viajava no penúltimo banco do lado direito do segundo vagão um cego de óculos azuis".

O acúmulo de detalhes contrasta com as expressões 'generalizantes' da primeira cena. A ironia que perpassa o conto – e que justifica seu título – é prenunciada pelo detalhe dos "óculos azuis" e intuída na esdrúxula situação de um cego protestando contra a falta de luz, enquanto os que veem se conformam com ela. Personagem individualizado, quer pelos detalhes de sua descrição e apresentação – a que se acrescentam "Cego baiano das margens do Verde de Baixo" e "Flautista de profissão" – quer por suas preocupações políticas, que contrastam com o conformismo dos demais passageiros, o cego recebe voz individual no texto através do discurso direto.

O discurso do cego é alegórico, pois, motivado por um dado real que ele retrata – "Estrada relaxada. Que é que faz que não acende?" –, desliza para outro sentido – o de luz como razão, entendimento, clarividência.

Vamos apurar o principal indicador sintático dessa transição da palavra do cego à rebelião iniciada pelo seu aliado. Dos 32 verbos flexionados no discurso do narrador, na cena do cego, 24 o têm como sujeito. Dois dos verbos restantes – "perguntaram" e "concordaram" – têm por sujeito, sintomaticamente, o sintagma "vozes". Esse sujeito metonímico – o meio pelo autor – tem a ver com a falta de luz e com a despersonalização dos atos de *perguntar* e de *concordar*. E outro verbo – "respondia" – tem por sujeito "a escuridão", desde a primeira cena atuando como único dado 'visível'.

Essa estatística, aparentemente irrelevante, torna-se pertinente ao se observar que na segunda cena são variados os sujeitos sintáticos. Ainda que nos limitemos às construções cujos sujeitos são seres humanos, vê-se que estes são múltiplos: "Todos gritavam", "um mulato propôs", "João Virgulino lembrou", "Os passageiros contavam façanhas", "outro sugeriu", "Todos os passageiros magarefes e auxiliares imitaram o chefe". Note-se a reveladora circunstância de somente o verbo *imitar* não significar ato de comunicação verbal. O discurso, restrito ao cego e seu guia na cena anterior, fora assumido por vários indivíduos.

Polifonia

Pela boca do cego falam outras vozes identificadas em expressões de discurso cristalizado: "A luz é o maior dom da natureza", "Viver nas trevas é cuspir no progresso da humanidade", "A turba ignara fará valer seus direitos", "Chega um dia e a coisa pega fogo".

O narrador incorpora esse discurso libertário no parágrafo que começa por "Foi preciso explicar..." sem deixar clara a fronteira entre o seu enunciado e o do personagem. Em todo o caso, as frases ocorrem no tempo presente – sinal, quem sabe, de que não é o narrador quem fala. Estamos no território do *discurso indireto livre.* Emergem dessa passagem "não expressões atribuíveis a um sujeito particular, mas um sistema de pensamento, um conjunto de proposições alheias" (Reyes, 1984).

Um tipo sutil de efeito polifônico é o de certas metáforas obtidas pelo deslocamento de uma palavra ou expressão de uma situação discursiva para outra; é o que se passa no texto com o verbo *esquartejar.*

A leitura daquela passagem seria uma se a escolha desse verbo ("João Virgulino tirou a faca da cinta e começou a esquartejar o banco de palhinha") fosse de livre iniciativa do narrador; neste caso, o verbo proveria a conotação de brutalidade. A informação, porém, de que João Virgulino trabalha no matadouro sugere uma interpretação diferente, certamente mais rica e coerente com o desdobramento do relato. O narrador promove a interseção de duas situações: o vagão do trem e o espaço do matadouro. Daí a relevância do aposto "Magarefe-chefe do Matadouro de Maguari", que introduz, como tópico, o período em que figura o verbo *esquartejar.*

Esquartejar toma parte, assim, no intertexto que une o discurso do narrador e o discurso da profissão de alguns dos personagens. Na sequência dessa cena, os magarefes tratam a situação como um autêntico esquartejamento: "Dois quilos de lombo", "Quilo e meio de toicinho", "Quantas reses, Zé Bento?", "Aqui ainda tem uns três quilos de coxão mole." O discurso deixa de ser referencial, já não fala da realidade, mas representa-a como um ritual de vandalismo, divertido e cômico pela simulação de uma tarefa profissional. Alienado de seu contexto referencial, o discurso ganha vida própria e legitima certas ações a despeito do código de comportamento que as interdita. Esse deslocamento do discurso tem papel essencialmente parodial.

A última cena é um 'primor' de construção polifônica, a começar pela citação da manchete do jornal, substituída porque se prestava a interpretações "que feriam de frente o decoro das famílias". Isto que está entre aspas, copiado do texto, a ele se incorpora narrativamente, pois trai a interferência do discurso da 'moral e bons costumes'. Assim também, o clichê "conflito sangrento" é aproveitamento do discurso sensacionalista de certo tipo de imprensa; "apurar responsabilidade", do discurso policial, e "Perante grande número de advogados, representantes da imprensa, curiosos e pessoas gradas", do discurso cerimonioso da reportagem social.

O diálogo da parte final reúne dois importantes detalhes. O delegado, inquisidor, formula perguntas clássicas. A testemunha, sobraçando a Bíblia – alusão ao ritual dos depoimentos em que se 'jura sobre a Bíblia' – adota, correta e submissamente, o tópico da pergunta como tópico da resposta.

A submissão e a correção não lhe valeram de nada, e a testemunha foi "imediatamente recolhida ao xadrez porque com a autoridade não se brinca".

Esta última citação está incrustada no discurso do narrador, que se 'apropria' do discurso das 'autoridades constituídas' para parodiá-lo.

Tópico e coesão

Vamos, por fim, exemplificar e comentar alguns tipos de tópico e sua importância na coesão do texto.

A primeira cena se desenrola através da reiteração de dois dados: o *trem* e a *escuridão,* que são os temas, por assim dizer, dos dois períodos iniciais: "O trenzinho... Belém" e "Já era noite".

"O trenzinho" é o tópico do primeiro período, definido pelo artigo como se o leitor já tivesse conhecimento dele. Em "As manchas na roupa dos passageiros ninguém via porque não havia luz", o tópico é *as manchas na roupa dos passageiros,* que sintaticamente é 'objeto'. Esse tópico vem semanticamente ligado a "o sangue", e a negação de "via" reitera "só se sentia". Todos esses aspectos permitem fazer avançar o texto.

Nos dois últimos parágrafos da primeira cena temos dois casos de tópicos focalizados para estabelecer contraste entre ele próprio e outros sintagmas que ocorrem no período precedente. Assim, em "Só as mulheres se encolhiam", o *só* focaliza "as mulheres" em contraste com "os que não dormiam... e gesticulavam". O foco incide sobre o SN e o contraste decorre da oposição *gesticulavam × se encolhiam.* Também contrastivo é o foco incidente sobre *os fósforos* em "Os fósforos é que alumiavam". Por meio de "é que" contrasta-se esta oração com o conteúdo de "Noite sem lua nem nada", que vem imediatamente antes.

O foco contrastivo tem, portanto, um papel sequencializador, atuando entre os recursos de coesão textual.

Observemos ainda o parágrafo "O chefe do trem... na confusão". Cada período tem um tópico bem nítido que o introduz. Entre esses tópicos conta-se "Dos bancos", um sintagma preposicionado deslocado de sua posição de modificador do SN "a armação de ferro dos bancos". Cada tópico é um dado textualmente conhecido ao qual se acrescenta um dado novo – o comentário – que caracteriza a situação pós-rebelião. Esse parágrafo é um parágrafo síntese.

3. Discurso e argumentação

O texto que se vai analisar (ver em apêndice) é um editorial, seção que, não sendo assinada, parece veicular a opinião oficial do jornal sobre dado assunto que esteja na ordem do dia. A abordagem é analítico-dissertativa. Não há, senão subsidiariamente, o registro narrativo de ações. Os verbos se empregam predominantemente no presente e, como se trata de texto analítico, são frequentes as marcas modalizadoras através das quais se conhece o ponto de vista do enunciador sobre o tema. Esses dois aspectos, a *modalidade* e os *tempos verbais*, têm um notável papel nesse gênero de texto, por isso é que vamos nos deter principalmente neles.

Os tempos verbais

Os conteúdos temporais das formas verbais do texto se distribuem por três grupos segundo sua relação com o contexto imediato: (a) ação/evento consumado, (b) ação/evento potencial, (c) ação/evento neutro (isto é, não marcado quanto à sua consumação ou potencialidade). O grupo (a) inclui todas as formas do pretérito perfeito (30 ocorrências); o grupo (b) abrange todas as formas do presente do indicativo (38 ocorrências), e o grupo (c) inclui as restantes – com uma só exceção – formas do 'futuro do presente' (10 unidades), do futuro do subjuntivo (3 unidades), formas do presente do subjuntivo (10 unidades) e formas do futuro do pretérito (2 unidades). A exceção é uma forma do pretérito mais-que-perfeito ("A nação não pode esquecer que este quadro sobrevém depois que o país *tinha voltado* a experimentar uma taxa positiva de crescimento").

Estamos diante do que H. Weinrich chamou 'universo comentado' (ver VII.1b), contexto referencial próprio dos textos analítico-dissertativos em geral, cuja dimensão temporal é o *presente.* O predomínio de formas do presente do indicativo ratifica a natureza do texto.

Quem considerasse o pretérito perfeito um 'tempo passado' poderia se surpreender diante do número de suas ocorrências no texto (30), próximo das do presente (38). Na verdade, porém, o que chamamos 'pretérito perfeito' tem um duplo papel na representação do tempo (ver VII.1b). No texto ele é quase sempre pertinente ao contexto imediato, relativamente ao qual representa os eventos/ações como consumados.

Note-se que o texto contém uma análise do momento político-econômico brasileiro, uma reflexão sobre um estado presente de coisas. De uma experiência recentíssima com efeitos imediatos no presente, essa análise-reflexão extrai os argumentos com que o editorialista procura fundamentos para as recomendações (para o futuro).

No texto, a íntima vinculação das formas do pretérito perfeito com a relação enunciador/contexto imediato fica patente no fato de elas trazerem embutida uma 'avaliação' que o enunciador, baseado na experiência do presente, faz dos fatos passados. Basta ver o emprego do pretérito no sexto parágrafo: "*perdemos* uma oportunidade", "*queimamos* as chances", "*desaceleramos* o nosso comércio", "*descarrilhamos* com a economia". O final do parágrafo arremata o tom avaliatório dessas formas: "Onde estão os responsáveis por tudo isso?".

Esse dado talvez seja suficiente para entendermos por que situei o pretérito perfeito, numa parte de seus usos, no polo do presente/contexto imediato, que é o quadro de referência do que constitui, nos termos de Weinrich, o 'universo comentado'. Com efeito, aquelas formas não retratam fatos passados na objetividade de sua ocorrência, mas como representações subjetivas do enunciador, que os interpreta da perspectiva do presente[1].

---

[1] É este, a meu ver, o sentido da passagem citada por Celso Cunha quando comenta o emprego da forma simples do pretérito perfeito: "É a que se emprega para descrever o passado tal como aparece a um observador situado no presente e que o considera do presente." (Cunha & Cintra, 1985, p.443)

As formas do 'tempo potencial'

Não são claros os limites entre o *possível*, o *provável*, o *potencial*, e todos esses conteúdos, antes 'modais' que 'temporais', ganham expressão no texto através das formas do *futuro do presente*, do *futuro do pretérito*, do *futuro do subjuntivo* e do *presente do subjuntivo*. O que vale, todavia, é o compromisso de todas essas formas com a 'organização argumentativa' do texto, entendida aqui como o conjunto de meios de que se serve o enunciador para orientar a leitura a ser feita pelo receptor. Noutras palavras, a articulação dos tempos no texto serve para aduzir dados que respaldam a tese ou argumentação do editorialista.

Com efeito, as formas do futuro do presente/pretérito constituem, no texto, *predicados imperativos* ("exigirá", "será preciso", "terá o dever"), *alertas* ("será uma traição", "haverá unidade nacional", "poderão sangrar", "será difícil") ou *suposições* ("capacidade que terá", "já será um grande passo", "que poderíamos ter tirado", "poderiam ser feitas sem traumas"). Esses segmentos exprimem 'estados de coisas', e não eventos/ações.

Das dez formas do presente do subjuntivo, pelo menos sete exprimem *atos imperativos* ("*saibam os nossos credores*", "*saibam também os governantes*", "será preciso desde já *que se cancelem* ...", "*para que não* se *repitam*", "evitar *que mais ilusões sejam vendidas ao povo*", "*os escalões... continuem* impondo", "*não* se *iluda o governo*"). Parece "pito de pastor a ovelha", como escreveu Guimarães Rosa. As três formas restantes exprimem hipótese (*a menos que seja ele muito criativo, e talvez continuem sabotando, por um segundo que seja*).

As três formas do futuro do subjuntivo denotam fatos hipotéticos potenciais da perspectiva do presente (ver VII.1b): "Quando, porém, se *reiniciarem* as atividades produtivas...", "se os escalões ocultos... *retardarem*...", "se a lamentável moratória na dívida externa *abrir* espaço...")

A modalização

A orientação argumentativa de um texto distribui e organiza a própria informação em favor dos interesses de quem o enuncia (cf. Osakabe, 1979). Vimos como os tempos verbais participam dessa tessitura. Veremos agora a *modalidade*, que em VII.1a conceituamos como "a expressão linguística de dois aspectos: (a) as apreciações do locutor sobre o conteúdo das orações e (b) suas *intenções* e interesses quanto às tarefas da enunciação."

O texto é permeado por expressões que *vetam* certas ações e atitudes e *impõem* outras. Todas vêm empregadas no presente, pois não se elege um interlocutor (tu, você ou o senhor) como destinatário das ordens/recomendações. O 'destinatário discursivo' vem apenas implicado em passagens como "A retórica do Presidente... não pode ser acusada de exageros" – que pressupõe um leitor capaz de fazer essa acusação –, "Será uma traição nacional tentar transformar uma bandeira de dívidas em uma bandeira de glória" – dirigida ao leitor eufórico com a moratória dos juros –, "não cabe... chorar sobre o que foi feito" – dirigida ao leitor contrário, disposto a lamentar a iniciativa do governo.

O destinatário real, porém, é o governo. Mas essa destinação é feita de maneira polida. Há, espalhadas pelo texto, nada menos que dezessete expressões do tipo "é preciso", "não se pode", "não cabe". Os verbos que denotam os "erros cometidos" e os que denotam "as correções dos erros" apresentam normalmente sujeitos despersonalizados ou indeterminados, como "o governo", "o Brasil", "o país", "a nação", "nós" ("Perdemos", "Queimamos"), "se" ("Não se pode brincar impunemente", "não se pode ignorar a velocidade"), "os escalões ocultos", "os escalões administrativos".

Esse modo polido de acusar é bem-ilustrado em "Não se iluda o governo sobre as cicatrizes profundas que ficaram com a traição sofrida pelo povo nas eleições passadas, a quem se negou o direito de conhecer os problemas reais da economia brasileira antes das urnas." Pressupõe-se aí que o governo pode querer bancar o inocente na manobra eleitoral de 86 e que o sonegador de informações e traidor é indeterminado.

A adoção de um "nós" nos parágrafos 7 e 8, após a pergunta retórica "Onde estão os responsáveis por tudo isso?", tem o efeito sedutor de dividir por toda a comunidade (governo, classe empresarial, trabalhadores, consumidores) a responsabilidade pelo desastre da política econômica. Por outro lado, a recorrência das expressões "unidade nacional" e "nossos legítimos interesses" e de outras afins procura insinuar que as críticas aos erros da política econômica e aos desperdícios do dinheiro público, as recomendações e cobranças são feitas em nome do interesse nacional, o que valoriza sobremodo a argumentação.

Detendo-nos no texto e procurando o que escapa à crítica, percebemos que aquelas expressões retoricamente solenes e sedutoras, mas estereotipadas e vazias, servem tão só para aliciar o leitor e fazê-lo engolir, adocicada, a "pílula" cuja fórmula se resume na defesa dos interesses do capital e da iniciativa privada.

Com efeito, ela é enaltecida quer nas declarações positivas do texto, quer nas que condenam tudo que contraria seus interesses: "quase sempre em detrimento das empresas privadas", "a experiência desastrada do congelamento que desarticulou o processo produtivo", "O grande compromisso brasileiro deve ser com a retomada dos investimentos", "contribuindo para o reingresso do capital produtivo neste país".

Reiterando o que dissemos ainda no início, a *modalização* e os *tempos verbais*, segundo nossa análise, são ingredientes da organização argumentativa desse texto, constituída não só pelo que nele se diz e se salienta, como pelas 'verdades' que o dito pressupõe e pelos silêncios sobre tudo que pode ser um risco para os interesses do enunciador.

IX. Apêndice

Evocação mariana

A igreja era grande e pobre. Os altares, humildes.
Havia poucas flores. Eram flores de horta.
Sob a luz fraca, na sombra esculpida
(quais as imagens e quais os fiéis?)
ficávamos.

Do padre cansado o murmúrio de reza
subia às tábuas do forro,
batia no púlpito seco,
entranhava-se na onda, minúscula e forte, de incenso,
perdia-se.

Não, não se perdia...
Desatava-se do coro a música deliciosa
(que esperas ouvir à hora da morte, ou depois da morte, nas campinas do ar)
e dessa música surgiam meninas – a alvura mesma
cantando.
De seu peso terrestre a nave libertada,
como do tempo atroz imunes nossas almas,
flutuávamos
no canto matinal, sobre a treva do vale.

(Andrade, C.D. de. *Obra completa*, p.285)

Apólogo brasileiro sem véu de alegoria

O trenzinho recebeu em Maguari o pessoal do matadouro e tocou para Belém. Já era noite. Só se sentia o cheiro doce do sangue. As manchas na roupa dos passageiros ninguém via porque não havia luz. De vez em quando passava uma fagulha que a chaminé da locomotiva botava. E os vagões no escuro.

Trem misterioso. Noite fora noite dentro. O chefe vinha recolher os bilhetes de cigarro na boca. Chegava a passagem bem perto da ponta acesa e dava uma chupada para fazer mais luz. Via mal e mal a data e ia guardando no bolso. Havia sempre uns que gritavam:

– Vá pisar no inferno!

Ele pedia perdão (ou não pedia) e continuava seu caminho. Os vagões sacolejando.

O trenzinho seguia danado para Belém porque o maquinista não tinha jantado até aquela hora. Os que não dormiam aproveitando a escuridão conversavam e até gesticulavam por força do hábito brasileiro. Ou então cantavam, assobiavam. Só as mulheres se encolhiam com medo de algum desrespeito.

Noite sem lua nem nada. Os fósforos é que alumiavam um instante as caras cansadas e a pretidão feia caía de novo. Ninguém estranhava. Era assim mesmo todos os dias. O pessoal do matadouro já estava acostumado. Parecia trem de carga o trem de Maguari.

Porém aconteceu que no dia 6 de maio viajava no penúltimo banco do lado do segundo vagão um cego de óculos azuis. Cego baiano das margens do Verde de Baixo. Flautista de profissão dera um concerto em Bragança. Parara em Maguari. Voltava para Belém com setenta e quatrocentos no bolso. O taioca guia dele só dava uma folga no bocejo para cuspir.

Baiano velho estava contente. Primeiro deu uma cotovelada no secretário e puxou conversa. Puxou à toa porque não veio nada. Então principiou a assobiar. Assobiou uma valsa (dessas que vão subindo, vão subindo e depois descendo, vêm descendo), uma polca, um pedaço do Trovador. Ficou quieto uns tempos. De repente deu uma cousa nele. Perguntou para o rapaz:

– O jornal não dá nada sobre a sucessão presidencial?

O rapaz respondeu:

– Não sei: nós estamos no escuro.

– No escuro?

– É.

Ficou matutando calado. Claríssimo que não compreendia bem.

Perguntou de novo:

– Não tem luz?

Bocejo.

– Não tem.

Cuspada.

Matutou mais um pouco. Perguntou de novo:

– O vagão está no escuro?

– Está.

De tanta indignação bateu com o porrete no soalho. E principiou a grita dele assim:

– Não pode ser! Estrada relaxada! Que é que faz que não acende? Não se pode viver sem luz! A luz é necessária! A luz é o maior dom da natureza! Luz! Luz! Luz!

E a luz não foi feita. Continuou berrando:

– Luz! Luz! Luz!

Só a escuridão respondia.

Baiano velho está fulo. Urrava. Vozes perguntavam dentro da noite:

– Que é que há?

Baiano velho trovejou:

– Não tem luz!

Vozes concordavam:

– Pois não tem mesmo.

Foi preciso explicar que era um desaforo. Homem não é bicho. Viver nas trevas é cuspir no progresso da humanidade. Depois a gente tem a obrigação de reagir contra os exploradores do povo. No preço da passagem está incluída a luz. O governo não toma providências? Não toma? A turba ignara fará valer seus direitos sem ele. Contra ele se necessário. Brasileiro é bom, é amigo da paz, é tudo quanto quiserem: mas bobo não. Chega um dia e a cousa pega fogo.

Todos gritavam discutindo com calor e palavrões. Um mulato propôs que se matasse o chefe do trem. Mas João Virgulino lembrou:

– Ele é pobre como a gente.

Outro sugeriu uma grande passeata em Belém com banda de música e discursos.

– Foguetes também?

– Foguetes também.

– Be-le-za!

Mas João Virgulino observou:

– Isso custa dinheiro.

– Que é que se vai fazer então? Ninguém sabia. Isto é: João Virgulino sabia. Magarefe-chefe do matadouro de Maguari, tirou a faca da cinta e começou a esquartejar o banco de palhinha. Com todas as regras do oficio. Cortou um pedaço, jogou pela janela e disse:

– Dois quilos de lombo!

Cortou outro e disse:

– Quilo e meio de toicinho!

Todos os passageiros magarefes e auxiliares imitaram o chefe. Os instintos carniceiros se satisfizeram plenamente. A indignação virou alegria. Era cortar e jogar pelas janelas. Parecia um serviço organizado. Ordens partiam de todos os lados. Com piadas, risadas, gargalhadas.

– Quantas reses, Zé Bento?

– Eu estou na quarta, Zé Bento!

Baiano velho quando percebeu a história pulou de contente. O chefe do trem correu quase que chorando.

– Que é isso? Que é isso? É por causa da luz?

Baiano velho respondeu:

– É por causa das trevas!

O chefe do trem suplicava:

– Calma! Calma! Eu arranjo umas velinhas.

João Virgulino percorria os vagões apalpando os bancos.

– Aqui ainda tem três quilos de coxão mole!

O chefe do trem foi para o cubículo dele e se fechou por dentro rezando. Belém já estava perto. Dos bancos só restava a armação de ferro. Os passageiros de pé contavam façanhas. Baiano velho tocava a marcha de sua lavra chamada Às Armas Cidadãos! O taioquinha embrulhava no jornal a faca surripiada na confusão.

Tocando a sineta o trem de Maguari fundou na estação de Belém. Em dois tempos os vagões se esvaziaram. O último a sair foi o chefe muito pálido.

Belém vibrou com a história. Os jornais afixaram cartazes. Era assim o título de um: Os Passageiros no Trem de Maguari Amotinaram-se Jogando os Assentos ao Leito da Estrada. Mas foi substituído porque se prestava a interpretações que feriam de frente o decoro das famílias. Diante do Teatro da Paz houve um conflito sangrento entre populares.

Dada a queixa à policia foi iniciado o inquérito para apurar as responsabilidades. Perante grande número de advogados, representantes da imprensa, curiosos e pessoas gradas, o delegado ouviu vários passageiros. Todos se mantiveram na negativa menos um que se declarou protestante e trazia um exemplar da Bíblia no bolso. O delegado perguntou:

– Qual a causa verdadeira do motim?

O homem respondeu:

– A causa verdadeira do motim foi a falta de luz nos vagões.

O delegado olhou firme nos olhos do passageiro e continuou:

– Quem encabeçou o movimento?

Em meio da ansiosa expectativa dos presentes, o homem revelou:

– Quem encabeçou o movimento foi um cego!

Quis jurar sobre a Bíblia, mas foi imediatamente recolhido ao xadrez porque com a autoridade não se brinca.

(Machado, A. A. *Novelas paulistanas*. Rio, J. Olympio, 1961)

Realismo necessário

A retórica do Presidente José Sarney ao apresentar a dura realidade da moratória na dívida externa aos brasileiros certamente não pode ser acusada de exageros, ou de ter resvalado para níveis populistas comparáveis aos que já ocorreram em nações de terceira classe.

Quando, porém, se reiniciarem as atividades produtivas na próxima semana, cada empresa brasileira, pública ou privada, e cada cidadão em particular, terá o dever de abandonar a tentação de se sentir mais forte depois que o país, não importa os motivos, declara-se sem condições de honrar suas dívidas. Será uma traição nacional tentar transformar uma bandeira de dívidas em uma bandeira de glória.

Não, o Brasil não é uma republiqueta nem como tal deve ser tratado, nem interna nem externamente. Saibam os nossos credores que haverá unidade nacional em torno dos nossos legítimos interesses, mas saibam também os governantes que haverá unidade nacional para repudiar a demagogia, a incompetência, a má-fé, a ambição política pessoal e tudo o mais que possa contribuir para continuar deteriorando o quadro econômico ou para provocar uma posição pior ainda, perante os credores e perante o mundo.

A suspensão unilateral do pagamento dos juros da dívida externa foi determinada pelo presidente e não cabe, ao se reabrirem os negócios na segunda-feira, chorar sobre o que foi feito. O Brasil real continua de pé, ainda que abalado, como oitava economia do mundo, com uma boa infraestrutura e uma ativa base empresarial. O país poderá sair da moratória sem confrontações, como indicou o presidente. mas será preciso desde já que se cancelem os discursos do primeiro e do segundo escalões que querem festejar a dívida, agredir os credores e empurrar a nação para a mediocridade autárquica das economias fechadas.

Sair dessa situação exigirá esforço de toda a sociedade e uma cobrança ativa para que não se repitam os erros que nos levaram à condição de devedores inadimplentes de hoje. Não se pode, na verdade, perdoar nem esquecer os erros trágicos dos segmentos da administração que provocaram a situação atual, deixando escorrer entre os dedos as condições excepcionais e as vantagens que poderíamos ter tirado do mercado financeiro e da economia mundial nos três últimos anos.

Perdemos uma oportunidade extraordinária para renegociar a dívida quando os juros caíram para os níveis mais baixos da história econômica recente, chegando a perto de 4 por cento em eurodepósitos. Queimamos as chances abertas pela queda dos preços do petróleo, que mergulharam abaixo dos 12 dólares por barril no ano passado. Descarrilhamos com a economia mundial em alta, e taxas de crescimento do produto bruto acima dos 3 por cento na Europa, no Japão e nos Estados Unidos. Desaceleramos o nosso comércio externo, passando de superávits mensais de um bilhão de dólares para uma performance medíocre que aproxima a balança do vermelho. Onde estão os responsáveis por tudo isso?

A nação não pode esquecer que este quadro sobrevém depois que o país tinha voltado a experimentar uma taxa positiva de crescimento do produto interno bruto no início da nova república. Mais que isto, mergulhamos na moratória depois de termos experimentado a euforia do Cruzado, quando nosso país foi apresentado como modelo de inflação suíça com crescimento japonês do PIB. É preciso, agora que os cenários se revertem, uma clara consciência nacional para evitar que mais ilusões sejam vendidas ao povo e os escalões administrativos responsáveis pelos erros impunemente continuem impondo o tom e orquestrando a vida econômica nacional.

Nada, nos últimos dois anos, foi colocado de forma coerente no cenário da dívida externa brasileira. Mergulhamos no consumo esquecendo o investimento. Abarrotamos nossos portos com cerveja importada, arroz que apodrece, bens de consumo de toda sorte. Queimamos reservas e chegamos a uma situação de liquidez – medida pelas disponibilidades efetivas de caixa – das mais baixas do mundo.

Há, na verdade, uma dissociação flagrante entre a retórica e os esforços do Presidente José Sarney e a prática política e econômica da máquina do governo no dia a dia. Nada nesse cenário foi feito para reorientar a divida externa do crédito para o investimento. Ao contrário, o dinheiro produtivo aqui investido fugiu, enquanto insistimos num modelo surrado e ineficiente de pedir mais crédito aos bancos comerciais estrangeiros. Estranha retórica esta que prega a moratória de um lado e estende a mão pedindo dinheiro, do outro.

Vive o governo, neste momento, a imperiosa necessidade de adotar uma política realista perante a comunidade financeira internacional e perante todos os brasileiros. É preciso reativar o comércio exterior, voltando a gerar saldos positivos na balança comercial e fugindo à ideia do desenvolvimento autárquico. Mais que isso, é preciso o reconhecimento de que não temos como fugir a medidas corretivas internas dolorosas. O Brasil merece a verdade da parte do seu governo, pois, a menos que seja ele muito criativo, será difícil interpretar o receituário do Presidente da República.

Cobra a nação as correções de rumo que o Presidente indicou para as empresas públicas, contendo os seus gastos e atacando os déficits públicos que até agora deixaram o Estado e sua burocracia acima do bem e do mal e dos direitos e deveres dos cidadãos. Não se iluda o governo sobre as cicatrizes profundas que ficaram com a traição sofrida pelo povo nas eleições passadas, a quem se negou o direito de conhecer os problemas reais da economia brasileira antes das urnas.

Essas feridas abertas poderão sangrar mais ainda se os escalões ocultos que sabotaram e talvez continuem sabotando as correções de rumo preconizadas pelo Presidente retardarem, por um segundo que seja, a hora da verdade na economia brasileira. Não se pode brincar impunemente com uma crise cambial. Não há mais espaço nem tempo para brincar com os legítimos interesses nacionais em jogo. É preciso uma clara consciência em Brasília para a profunda desarticulação em que se lançou o sistema produtivo e financeiro do país nos últimos dias, dificultando correções que em outras circunstâncias poderiam ser feitas sem traumas nem abalo na poupança, como o controle das taxas de juros ou a redução dos spreads das instituições financeiras, intimamente relacionados com o controle do déficit público.

O que está em jogo, com a moratória da dívida externa, é antes de mais nada a capacidade que terá o Estado para entrar na linha, pois não se pode ignorar a voracidade com que os déficits públicos absorveram a poupança nacional, nem a irresponsabilidade com que a máquina burocrática vai empurrando de baixo para cima reformas, projetos irresponsáveis de leis e mudanças na estrutura jurídica do país, quase sempre em detrimento das empresas privadas e do bolso dos contribuintes.

O Presidente precisa tornar imediatamente claro o que significam suas palavras em relação às expectativas de inflação para este ano, lembrando-se da experiência desastrada do congelamento que desarticulou o processo produtivo e nos empurrou para a beira do desabastecimento em 1986.

Não pode uma nação viver de espasmos, nem pensar que se cria e redistribui renda apenas por decretos. O grande compromisso brasileiro deve ser com a retomada dos investimentos, e já será um grande passo se a lamentável moratória na dívida externa abrir espaço para a renegociação da nossa dívida em bases mais inteligentes, contribuindo para o reingresso do capital produtivo neste país.

(*Jornal do Brasil*, 22.2.87)

X. BIBLIOGRAFIA COMENTADA

1. ALARCOS LLORACH, Emilio. *Estudios de gramática funcional del español.* Madri, Gredos, 1970.

Reunião de estudos sobre a morfologia e a sintaxe espanholas segundo a perspectiva estruturalista da escola europeia a que se filiam os nomes de L. Hjelmslev, A. Martinet e B. Pottier. Merecem destaque, pela novidade do tratamento de alguns conceitos, os estudos "Verbo transitivo, verbo intransitivo y estructura del predicado". "Espanõl / que/" e "Aditamento, adverbio y cuestiones conexas". Reafirma-se em cada estudo a concepção de língua como *forma* (por oposição a *substância*), na qual as funções linguísticas se definem pela posição que as unidades ocupam na estrutura e pelas substituições possíveis em cada posição.

2. BRANDÃO, Cláudio. *Sintaxe clássica portuguesa.* B. Horizonte, Universidade de Minas Gerais, 1963.

O autor reuniu e descreveu neste trabalho (820 páginas de descrição) a mais ampla amostragem dos fatos sintáticos do português literário coligida por gramático brasileiro. A abordagem é tradicional e normativa, e o exemplário colhido em autores dos séculos XVII, XVIII e XIX. Destaco os capítulos sobre a sintaxe do complemento objetivo – que contém uma admirável subclassificação semântica dos verbos transitivos – e sobre a sintaxe dos modos do verbo. Neste, Brandão faz um levantamento meticuloso e muito atual dos contextos sintático-semânticos que 'condicionam' a ocorrência quer do indicativo, quer do subjuntivo.

3. GARCIA, Othon M. *Comunicação em prosa moderna.* Rio, Fundação Getúlio Vargas, 1976.

Este trabalho pioneiro ainda é a mais moderna contribuição ao estudo/ensino da língua, integrando fecundas observações sobre as relações semântico-sintáticas na estrutura das frases, bem como sobre seus efeitos estilísticos. No que diz respeito à sintaxe, destaco as observações sobre a oposição coordenação/subordinação, a análise dos meios de expressão das circunstâncias e o item sobre o que Garcia chamou de 'palavras e expressões de transição', meios que são de conectar parágrafos na composição dos textos.

4. GILI Y GAYA, Samuel. *Curso superior de sintaxis española.* Barcelona, SPES, 1948.

Obra clássica e síntese exemplar dos aspectos da sintaxe espanhola, este *Curso* compreende três partes: I – a oração simples, II – uso das partes da oração e III – a oração composta. É uma exposição vibrante, que aborda as implicações afetivas e psicológicas dos procedimentos de estruturação sintática à disposição do falante, ao mesmo tempo que procede à avaliação crítica da contribuição tradicional, consubstanciada, no que se refere à língua espanhola, na obra de Andrés Bello e na *Gramática de la Real Academia.* Merece particular destaque a segunda parte, na qual se estudam as funções exercidas pelas diversas classes de palavras.

5. Koch, Ingedore G.V. *Argumentação e linguagem.* S. Paulo, Cortez, 1984.
Os artigos reunidos neste volume têm em comum o enfoque da linguagem como atividade que busca 'envolver' o receptor. Aí se analisam os mecanismos pelos quais o locutor, conscientemente ou não, introduz no discurso seus pontos de vista e suas intenções, fazendo do ato de comunicar um ato de persuadir. Destaco o capítulo III, no qual se leem subcapítulos interessantes sobre os tempos verbais, as relações entre frases e a polifonia.

6. Lemle, Miriam. *Análise sintática.* S. Paulo, Ática, 1984.
Segundo as palavras da autora, "o objetivo deste trabalho é lançar uma ponte entre a linguística teórica e o ensino escolar da gramática". O livro tem duas partes; na primeira, M. Lemle faz uma síntese da evolução dos estudos sintáticos na teoria gerativa. No seu aspecto geral, a exposição caracteriza com clareza essa evolução; contudo, os inevitáveis compromissos teóricos da obra, especialmente nessa primeira parte, conspiram às vezes contra a clareza de algumas passagens. No que diz respeito à sintaxe portuguesa, a contribuição da obra é também muito positiva: apresenta-se uma proposta original e instigante de classificação das palavras, assim como se formula e se explicita com rigor a estrutura interna das várias espécies de sintagmas e a recursividade dos constituintes.

7. Lima, Rocha. *Teoria da análise sintática.* 4ª ed. Rio, J. Ozon, 1958.
Existem algumas excelentes exposições do modelo tradicional de análise sintática, como as de Melo (1954), Bechara (1976) e Kury (1985). Creio que esta é a mais clara e homogênea. Contém cinco capítulos: 1 – *Da frase,* 2 – *Da oração,* 3 – *Do período,* 4 – *De sintaxe ideológica e afetiva* e 5 – *Algumas dificuldades.* Rocha Lima, que esteve atento às contribuições da linguística estrutural, já na década de 1950 baseia nas ideias de Alan Gardiner e de J. Mattoso Câmara Jr. o seu conceito de frase, caracteriza morfo-sintaticamente o *objeto direto* e distingue funcionalmente, como faria Llorach para o espanhol, as funções do *objeto indireto* e do *complemento relativo.*

8. Mateus, M. H. Mira, Brito, A. Maria, Duarte, Inês S. e Faria, Isabel Hub. *Gramática da língua portuguesa.* Coimbra, Almedina, 1983.
É a mais recente e moderna proposta de análise conjunta dos aspectos mórficos, sintáticos, fonológicos e discursivos do português. Divide-se em quatro partes: I – Variedades do português, II – Elementos para uma gramática de comunicação do português, III – Descrição e estrutura gramatical do português, IV – O nível fonológico do português. A sintaxe propriamente dita, descrita em perspectiva beneficamente eclética – pois aproveitam-se contribuições da gramática gerativa e da pragmática – ocupa a terceira parte. Há um extenso e esclarecedor capítulo sobre os "Tipos de Frases" e um capítulo sobre as "Estruturas de subordinação", em que a construção da frase é estudada em função das relações entre estrutura e significado. A fecunda e enriquecedora abordagem do funcionamento – e não apenas da estrutura – da língua compensa a dificuldade de leitura dessa Gramática, às vezes hermética devido à obsessão da formalização e do rigor nas definições. A Gramática dedica ainda, pioneiramente, um capítulo aos procedimentos de coesão textual.

9. Matthews, P.H. *Syntax.* Cambridge, Cambridge University Press, 1982.
Trata-se de uma introdução à análise dependencial em sintaxe. Embora variante da análise em constituintes imediatos, esse modelo tem a peculiaridade de levar em conta as relações de 'controle' entre as unidades do léxico. No exemplo:

Ponha esse bolo de chocolate em outra mesa.

as setas ligam a unidade controladora à unidade controlada, sempre na direção desta. Há uma hierarquia, como na formulação clássica em constituintes imediatos, explicitando, porém, a relação entre o verbo (controlador) e a preposição (controlado) em

Ponha... em,

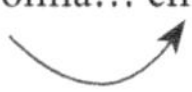

ou entre a preposição (controlador) e o nome (controlado) em

em... mesa.

O interesse desse trabalho reside sobretudo, no que nos diz respeito, na discussão de muitos conceitos sintáticos tradicionais como *sujeito* e *predicado, complemento* e *modificador, coordenação, subordinação, aposição* e *correlação.*

10. Lyons, John. *Introdução à linguística teórica.* S. Paulo, Comp. Editora Nacional, 1979. Este trabalho tem muitos méritos, e o principal deles é seguramente o de ter integrado, à exposição clara (a tradução de Rosa Virgínia Mattos e Silva e Hélio Pimentel é excelente) e atual das questões de análise gramatical, o compreensivo trabalho de resgate da contribuição tradicional a esses estudos. O primeiro capítulo é uma síntese da história dos estudos gramaticais, e o quarto contém uma discussão sobre os conceitos de léxico e gramática. Nada menos que quatro dos dez capítulos são dedicados às questões de morfologia e sintaxe. Destaco o capítulo oitavo, sobre as funções gramaticais: sujeito, predicado e adjunto; transitividade e voz; construções existenciais, locativas e possessivas.

XI. BIBLIOGRAFIA GERAL

(a) Gramáticas e teoria em geral

1. ALARCOS LLORACH, Emilio (1969). *Gramática estructural.* Madri, Gredos.
2. ________ (1970). *Estúdios de gramática funcional del español.* Madri, Gredos.
3. ALI, Manuel Said (1966). *Dificuldades da língua portuguesa.* 6ª ed. Rio, Livraria Acadêmica.
4. ________ (1965). *Gramática secundária da língua portuguesa.* 6ª ed. S.Paulo, Melhoramentos.
5. BACH, Emmon (1981). *Teoria sintática.* Trad. e adapt. Marilda W. Averbug e Paulo H. Britto. Rio, Zahar.
6. BALLY, Charles (1950). *Linguistique générale et linguistique française.* Beme, A. Francke.
7. BARBOSA, Jeronymo Soares (1885). *Grammatica philosophica da língua portuguesa.* 6ª ed. Lisboa, Academia Real das Sciencias.
8. BARRETO, Fausto (1957). *Noções elementares de sintaxe da proposição simples e da proposição composta.* In: BARRETO e LAET (1957).
9. BARRETO, Fausto e LAET, Carlos de (1957). *Antologia nacional.* 34ª ed. Rio, Francisco Alves.
10. BARRETO, Mário (1980a). *Novíssimos estudos da língua portuguesa.* 3ª ed. fac-similar. Rio, Presença.
11. BARRETO, Mário (1980b). *Novos estudos da língua portuguesa.* 3ª ed. fac-similar. Rio, Presença.
12. BECHARA, Evanildo (1976). *Lições de português pela análise sintática.* 10ª ed. Rio, Grifo.
13. ________ (1967). *Moderna gramática portuguesa.* 12ª ed. S. Paulo, Companhia Editora Nacional.
14. BENVENISTE, Émile (1976). *Problemas de linguística geral.* Trad. Maria da Glória Novak e Luiza Neri. S. Paulo, Companhia Editora Nacional.
15. BORBA, Francisco da Silva (1979). *Teoria sintática.* S. Paulo, T.A. Queiroz.
16. BRANDÃO, Cláudio (1963). *Sintaxe clássica portuguesa.* B. Horizonte, Imprensa da Universidade de Minas Gerais.
17. BROWN, E.K. e MILLER, J.E. (1980). *Syntax: a linguistic introduction to sentence structure.* Londres, Hutchinson.
18. BUESCU, Maria Leonor C. (1979). *Aspectos da herança clássica na cultura portuguesa.* Lisboa, Instituto de Cultura Portuguesa.
19. ________ (1981). *Babel ou a ruptura do signo.* Lisboa, Imprensa Nacional-Casa da Moeda.
20. ________ (1978). *Gramáticos portugueses do século XVI.* Lisboa, Instituto de Cultura Portuguesa.
21. ________ (1975). Introdução. In: OLIVEIRA (1975).
22. CÂMARA Jr., J. Matoso (1964). *Dicionário de filologia e gramática.* Rio, J. Ozon.
23. ________ (1976). *Estrutura da língua portuguesa.* Petrópolis, Vozes.
24. ________ (1975). *História da linguística.* Petrópolis, Vozes.
25. ________ (s/d). O estruturalismo linguístico. *Revista Tempo Brasileiro,* 15/16.
26. CAMPOS, Odette A. de Souza (1980). *O gerúndio no português.* Rio, Presença.

27. Cano Aguilar, Rafael (1981). *Estructuras sintácticas transitivas en el español actual.* Madri, Gredos.
28. Carvalho, Jairo Dias de (1969). *Os estudos de sintaxe portuguesa.* II Simpósio de língua e literatura portuguesa. Rio, Gemasa.
29. Casteleiro, João Malaca (1979). Sintaxe e semântica das construções enfáticas com 'é que'. *Boletim de filologia.* Lisboa, Inst. Nac. de Investigação Científica, XXV (1-4).
30. Chervel, André (1977). *Histoire de la grammaire scolaire.* Paris, Payot.
31. Chomsky, Noam (1972). *Linguística cartesiana.* Petrópolis, Vozes.
32. Comrie, Bernard (1976). *Aspect.* Cambridge, Cambridge University Press.
33. ________ (1985). *Tense.* Cambridge, Cambridge University Press.
34. Coseriu, Eugenio (1980). *Tradição e novidade na ciência da linguagem.* Trad. Carlos Alberto da Fonseca e Mário Ferreira. Rio, Presença.
35. Cunha, Celso (1970). *Gramática do português contemporâneo.* B. Horizonte, Bernardo Álvares.
36. Cunha, Celso e Cintra, L.F. de Lindley (1985). *Nova gramática do português contemporâneo.* Rio, Nova Fronteira.
37. Elia, Sílvio (1955). Justaposição. *Jornal de filologia.* São Paulo, Saraiva, 3(2).
38. Franch, J. Alcina y Blecua, J. Manuel (1979). *Gramática española.* Barcelona, Ariel.
39. Gili y Gaya (1948). *Curso superior de sintaxis española.* 2ª ed. Barcelona, SPES.
40. Garcia, Othon H. (1976). *Comunicação em prosa moderna.* 4ª ed. Rio, Fundação Getúlio Vargas.
41. Gleason Jr., H.A. (1965). *Linguistics and English grammar.* Nova York, Holt, Rinehart and Winston.
42. Halliday, M.A.K. (1976). Estrutura e função da linguagem. In: Lyons, 1976.
43. Halliday, M.A.K & Hasan, R. (1977). *Cohesion in English.* Londres, Longman.
44. Hauy, Amini Boainain (1983). *Da necessidade de uma gramática padrão da língua portuguesa.* S. Paulo, Ática.
45. Hernández Alonso, César (1984). *Gramática funcional del español.* Madri, Gredos.
46. Ilari, Rodolfo (1985). *A linguística e o ensino da língua portuguesa.* S. Paulo, Martins Fontes.
47. Jacob, André (1973), *Genêse de la pensée linguistique.* Paris, Armand Colin.
48. Jespersen, Otto (1975). *The philosophy of grammar.* Londres, George Allen & Unwin Ltd.
49. Koch, Ingedore V. (1984). *Argumentação e linguagem.* S. Paulo, Cortez.
50. Kury, Adriano da Gama (1985). *Novas lições de análise sintática.* S. Paulo, Ática.
51. Luz Gutiérrez, Maria (1985). *Estruturas sintácticas del español actual.* Madri, Soc. Gen. Espanõla de Librería.
52. Lausberg, Heinrich (1966). *Elementos de retórica literária.* Trad., prefácio e aditamentos de R.M. Rosado Fernandes. Lisboa, Calouste Gulbenkian.
53. Leão, Ângela Vaz (1961). *O período hipotético iniciado por se.* B. Horizonte, Universidade de Minas Gerais.
54. Leão, Duarte Nunes de (1944). *Origem da língua portuguesa.* 4ª ed. preparada por José Pedro Machado. Lisboa, Pro Domo.
55. Lemle, Miriam (1984), *Análise sintática; teoria geral e descrição do português.* S. Paulo, Ática.
56. ________ (1978). Da maleabilidade da análise sintagmática. *Revista Brasileira de Linguística.* Petrópolis, Vozes, 5 (1).

57. Lima, Mário Pereira de Souza (1937). *Gramática expositiva da língua portuguesa.* S. Paulo, Companhia Editora Nacional.
58. Lima, Carlos H. da Rocha (1976). *Gramática normativa da língua portuguesa.* Rio, José Olympio.
59. ________ (1958). *Teoria da análise sintática.* 4ª ed. Rio, J. Ozon.
60. Lobato, Lúcia M.P. (1986). *Sintaxe gerativa do português; da teoria padrão à teoria da regência e ligação.* B. Horizonte, Virgília.
61. Lobato, Lúcia M.P. (1975). *Análises linguísticas.* Petrópolis, Vozes.
62. Luft, Celso Pedro (1986). *Moderna gramática brasileira.* 7ª ed. P. Alegre, Globo.
63. Lyons, John (1979). *Introdução à linguística teórica.* Trad. Rosa Virgínia M. e Silva e Hélio Pimentel. S. Paulo, C. E. Nacional.
64. Lyons, John (1976). *Novos horizontes em linguística.* S. Paulo, Cultrix.
65. Martinet, André (1964). *Elementos de linguística geral.* Trad. Jorge de Morais Barbosa. Lisboa, Sá da Costa.
66. Martinet, André (1978). *Estúdios de sintaxis funcional.* Versão espanhola de Esther Diamante. Madri, Gredos.
67. Mateus, M.H. Mira, Brito, Ana M., Duarte, Inês S. e Faria, Isabel H. (1983). *Gramática da língua portuguesa.* Coimbra, Almedina.
68. Matthews, P.H. (1981). *Syntax.* Cambridge, Cambridge University Press.
69. Maurer Jr., Theodoro Henrique (1968). *O infinito flexionado português.* S. Paulo, Companhia Editora Nacional.
70. Melo, Gladstone Chaves de (1954). *Novo manual de análise sintática.* Rio, Organização Simões.
71. Mill, Stuart (1984). Sistema de lógica dedutiva e indutiva. In: *Os pensadores.* S. Paulo, Abril.
72. Naro, Anthony Julius (1976), (org.). *Tendências atuais da linguística e da filologia no Brasil.* Rio, Francisco Alves.
73. Neves, Maria Helena de Moura (1987). *A vertente grega da gramática tradicional.* S. Paulo, Hucitec.
74. Oliveira, Fernão d' (1975). *Gramática da linguagem portuguesa.* Lisboa, Imprensa Nacional-Casa da Moeda.
75. Osakabe, Haquira (1979). *Argumentação e discurso político.* S. Paulo, Kairós.
76. Padley, G.A. (1976). *Grammatical theory in Western Europe: 1500-1700; the Latin tradition.* Londres, Cambridge University Press.
77. Pereira, Eduardo Carlos (1942). *Gramática expositiva: curso superior.* S. Paulo, Companhia Editora Nacional.
78. Pereira, Maria Ângela Botelho (1978). Considerações sobre a complementação nominal em português. *Revista Brasileira de Linguística.* Petrópolis, Vozes, 5 (1).
79. Perini, Mário (1976). *Gramática gerativa; introdução ao estudo da sintaxe portuguesa.* B. Horizonte, Vírgilia.
80. ________ (1977). *Gramática do infinitivo português.* Petrópolis, Vozes.
81. Pontes, Eunice (1973). *Verbos auxiliares em português.* Petrópolis, Vozes.
82. ________ (1978). Os determinantes em português. *Revista Tempo Brasileiro, 53/54.*
83. ________ (1986). *Sujeito: da sintaxe ao discurso.* S. Paulo, Ática.
84. Querido, Antônio A.M. (1976). The semantics of copulative constructions in Portuguese. In: Luján e Hensey (orgs.). *Current studies in Romance linguistics.* Georgetown University Press.

85. QUIRK, R. & GREENBAUM, S. (1977). *A University grammar of English.* Londres, Longman.
86. REYES, Graciela (1984). *Polifonia textual; la citación en el relato literario.* Madri, Gredos.
87. RIBEIRO, Ernesto Carneiro (1956). *Serões gramaticais.* Salvador, Progresso.
88. RIBEIRO, Júlio (1914). *Gramática portuguesa.* 12ª ed. Rio, Francisco Alves.
89. ROBINS, R.H. (1979). *Pequena história da linguística.* Trad. Luiz Martins Monteiro de Barros. Rio, Ao Livro Técnico.
90. SÁNCHEZ DE LAS BROZAS, Francisco (1976). *Minerva; o De la Propiedad de la lengua latina.* Introd., trad. Fernando Riveras Cárdenas. Madri, Cátedra.
91. SANT'ANNA, Affonso R. de (1985). *Paródia, paráfrase & Cia.* São Paulo, Ática.
92. SAPIR, Edward (1969). *Linguística como ciência.* Seleção, trad. e notas de J. Mattoso Câmara Jr. Rio, Acadêmica.
93. SILVEIRA, Sousa da (1964). *Lições de português.* 7ª ed. preparada por Maximiano de Carvalho e Silva. Rio, Livros de Portugal.
94. SILVEIRA, Sousa da (1951). *Sintaxe da preposição DE.* Rio, Organização Simões.
95. TESNIÈRE, Lucien (1973). Comment construire une syntaxe. In: JACOB, 1973.
96. VENDRYES, Joseph (1943). *El lenguaje.* Trad. Manuel de Montoliu e José M. Casas. Barcelona, Cervantes.
97. WEINRICH, Harold (1968). *Estructura y función de los tiempos en el lenguaje.* Madri, Gredos.

(b) Fontes dos exemplos

1. ALENCAR, José (1965). *Iracema; Lenda do Ceará.* Rio, José Olympio.
2. ANDRADE, Carlos Drummond de (1977). *Os dias lindos.* Rio, José Olympio.
3. ________ (1973). *Poesia completa e prosa.* Rio, Aguilar.
4. ANDRADE, Mário (1969). *Macunaíma.* 5ª ed. S. Paulo, Martins.
5. ASSIS, Machado de (1960). *Memórias póstumas de Brás Cubas.* Rio, Instituto Nacional do Livro.
6. ________ (1962). *Obra completa.* V. III. Rio, Aguilar.
7. BRAGA, Rubem (1963). *A borboleta amarela.* 3ª ed. Rio, Editora do Autor.
8. ________ (1964). *Um pé de milho.* 2ª ed. Rio, Editora do Autor.
9. ________ (1966). In: QUADRANTE 1.
10. CAMPOS, Paulo Mendes (1965). *O colunista do morro.* Rio, Editora do Autor.
11. ________ (1966). In QUADRANTE 1.
12. ELIACHAR, Leon (1979). *O homem ao meio.* Rio, Francisco Alves.
13. FAUSTO, Boris (1977). *História geral da civilização brasileira; o Brasil republicano: sociedade e instituições.* S. Paulo, DIFEL.
14. GABEIRA, Fernando (1981). *O crepúsculo do macho.* 19ª ed. Rio, Codecri.
15. HOLLANDA, Sérgio B. de (1976). *Raízes do Brasil.* 10ª ed. Rio, José Olympio.
16. ________ (1977). *Visão do paraíso.* 3ª ed. S. Paulo, Companhia Editora Nacional.
17. MACHADO, Aníbal (1976). *A morte da porta-estandarte; Tati a garota e outras histórias.* 7ª ed. Rio, José Olympio.
18. MORAIS, Fernando (1987). *Olga.* 12ª ed. S. Paulo, Alfa-Omega.
19. MORAIS, Vinícius de (1986). *Poesia completa e prosa.* Rio, Nova Aguilar.
20. MOTA, Carlos Guilherme (1982). *Nordeste 1817; estruturas e argumentos.* S. Paulo, Perspectiva.

21. Nava, Pedro (1973a). *Balão cativo.* Rio, José Olympio.
22. ________ (1973b). *Baú de ossos.* 2ª ed. Rio, Sabiá.
23. Palmério, Mário (1976). *Vila dos confins.* 17ª ed. Rio, José Olympio.
24. Quadrante 1, (1966). Rio, Editora do Autor.
25. Queiroz, Dinah Silveira de (1966). In: Quadrante 1.
26. Ramos, Graciliano (1976). *Infância.* Rio/S. Paulo, Record.
27. ________ (1969). *Vidas secas.* S. Paulo, Martins.
28. ________ (1953). *Memórias do cárcere.* v.1. Rio, José Olympio.
29. ________ (1981). *Viventes das Alagoas.* Rio, Record.
30. Ribeiro, João Ubaldo (1984). *Viva o povo brasileiro.* Rio, Nova Fronteira.
31. Sabino, Fernando (1979). *O grande mentecapto.* 2ª ed. Rio, Record.
32. Veríssimo, Érico (1966a). *Ficção completa.* v. II. Rio, Aguilar.
33. ________ *As aventuras de Tibicuera.* 2ª ed. Porto Alegre, Globo.
34. ________ (1975). *Incidente em Antares.* S. Paulo, Círculo do Livro.
35. Viotti, Emília (1985). *Da monarquia à república; momentos decisivos.* S. Paulo, Brasiliense.

Índice de autores

Índice de assuntos